ALIMENTOS QUE
ENERGIZAM

VIDA SAUDÁVEL

ALIMENTOS QUE ENERGIZAM

SUPERALIMENTOS E RECEITAS PARA AUMENTAR A DISPOSIÇÃO E MANTER O VIGOR

GILL PAUL

NUTRICIONISTA: KAREN SULLIVAN

PUBLIFOLHA

Título original: *Eat yourself to energy*

Publicado originalmente na Grã-Bretanha em 2014 pela Hamlyn, uma marca da Octopus Publishing Group Limited, Endeavour House 189, Shaftesbury Avenue, Londres WC2H 8JY.

Coordenação do projeto: Publifolha
Editor assistente: Thiago Barbalho
Produtora gráfica: Samantha R. Monteiro

Produção editorial: A2
Coordenação: Sandra R. F. Espilotro
Tradução: Fernanda Castro Bulle
Consultoria: Marisa da Costa Cervi Rivaldo
Preparação de texto: Ana Tereza Clemente
Revisão: Maria A. Medeiros, Carmen T. S. Costa
Diagramação: A2

Edição original: Octopus Publishing Group
Editora: Jo Wilson
Diretor de arte: Jonathan Christie
Diretora de fotografia, estilo e produção: Isabel de Cordova
Fotografia: Will Heap
Produtora de culinária: Joy Skipper
Gerente de banco de imagens: Jen Veall
Assistente de produção: Caroline Alberti

Dados Internacionais de Catalogação na Publicação (CIP)
(Câmara Brasileira do Livro, SP, Brasil)

Paull, Gill

Alimentos que energizam / Gill Paull ; nutricionista Karen Sullivan ; [tradução: Fernanda Castro Bulle]. -- São Paulo : Publifolha, 2014.

Título original: Eat yourself to energy.
ISBN 978-85-7914-557-5

1. Alimentos naturais 2. Culinária (Alimentos naturais)
3. Fadiga - Dietaterapia - Receitas 4. Nutrição I. Título.

14-08405 CDD-613.2

1. Alimentos : Aspectos energéticos : Nutrição aplicada : Ciências médicas 613.2

Este livro segue as regras do Acordo Ortográfico da Língua Portuguesa (1990), em vigor desde 1° de janeiro de 2009.

Impresso na C&C Offset Printing Co., Ltd., China

PUBLIFOLHA
Divisão de Publicações do Grupo Folha
Al. Barão de Limeira, 401, 6° andar
CEP 01202-900, São Paulo, SP
Tels.: (11) 3224-2186/2187/2197
www.publifolha.com.br

NOTA DO EDITOR

Apesar de todos os cuidados tomados na elaboração das receitas deste livro, a editora original não se responsabiliza por erros ou omissões decorrentes da preparação dos pratos.

Pessoas com restrições alimentares, grávidas e lactantes devem consultar um médico especialista sobre os ingredientes de cada receita antes de prepará-la.

As fotos deste livro podem conter acompanhamentos ou ingredientes meramente ilustrativos.

As informações contidas neste livro não excluem a consulta a um médico, endocrinologista e/ou nutricionista. Todas as decisões de cunho médico devem ser tomadas sob a orientação de um especialista.

Observações, exceto se orientado de outra forma:

- Use sempre ingredientes frescos
- Use sempre ovos de tamanho médio
- Preaqueça o forno na temperatura indicada na receita

Equivalência de medidas:

- 1 colher (chá) = 5 ml
- 1 colher (sopa) = 15 ml
- 1 xícara (chá) = 250 ml

SUMÁRIO

INTRODUÇÃO

Você é do tipo que se arrasta da cama de manhã cedo, boceja durante o trabalho, tem dificuldade em se concentrar e no final do dia desmorona em frente à TV, incapaz de preparar uma refeição e muito menos de lavar a louça? Você gostaria de se tornar uma pessoa que corre no parque, vai ao teatro e prepara jantares para os amigos, mas lhe falta o vigor necessário para dar conta de seus outros compromissos?

A falta de energia é uma reclamação comum do século XXI, e isso se deve em parte à tecnologia moderna, que nos deixa sempre disponíveis para lidar com problemas no trabalho e na família, o que não ocorria com as gerações anteriores. Mas há também inúmeras razões físicas que explicam essa sensação de cansaço e de letargia (veja o quadro Por que você está sempre cansado).

Quando nos sentimos exaustos, muitos de nós recorremos às barrinhas energéticas e bebidas esportivas. No entanto, esses recursos instantâneos têm altos teores de açúcar e nos revigoram apenas temporariamente.

Depois desse ânimo temporário, quando o pâncreas libera insulina para lidar com o excesso de açúcar no sangue, os níveis de energia sofrem uma queda expressiva. Assim como o café, as bebidas esportivas contêm cafeína, que aumenta a liberação do hormônio do estresse, a adrenalina. Isso não é nenhum problema para aqueles que vão correr uma prova de cem metros, mas é para quem está numa reunião enfadonha ou vai buscar os filhos na escola.

Este livro aborda as causas da fadiga e explica como você pode sentir mais disposição ao escolher alimentos que mantêm estável o nível de açúcar no sangue. As receitas contêm todos os minerais e as vitaminas necessárias para lidar com os problemas de saúde e para nos fazer sentir em nosso melhor estado físico e com mais energia.

Por que você está sempre cansado

- Se a falta de ânimo vem preocupando, talvez seja o caso de pedir ao seu médico exames de sangue para excluir anemia ou hipotireoidismo - esses dois problemas comprometem os níveis de energia.
- Se você tiver uma dieta rica em alimentos processados, pobres em nutrientes importantes, poderá ter uma carência de vitaminas e minerais essenciais, que, mesmo pequena, pode afetar o nível de energia do organismo.
- Se o seu estilo de vida é muito estressante, e a adrenalina está sempre alta, as glândulas suprarrenais podem ficar esgotadas, enquanto os órgãos vitais não conseguem os nutrientes de que precisam, porque seu corpo funciona constantemente em estado de emergência. Mulheres tendem a se sentir mais cansadas antes do período menstrual e durante a menopausa. É importante consumir os alimentos certos para o equilíbrio dos níveis hormonais.
- A infecção por cândida no trato gastrointestinal, geralmente pelo uso repetitivo de antibióticos, acarreta queda nos níveis de energia. Caso suspeite de infecção causada por esse fungo, procure o médico.
- Entre outros fatores que afetam os níveis de energia estão depressão, dietas de emagrecimento ou de sobrepeso, dor crônica, síndrome da fadiga crônica e distúrbios digestivos, como constipação.

Comer para ter energia

1. Coma bastante proteína

Proteínas são necessárias para a produção de energia e vão mantê-lo ativo por mais tempo do que alimentos à base de carboidratos. É bom consumir proteína antes do exercício físico, porque ela não causa oscilação nos níveis de açúcar no sangue, como quando você ingere carboidrato refinado, presente em doces e em produtos à base de farinha branca. É melhor comer um ovo cozido no lanche da manhã do que um croissant.

2. Coma peixe em abundância

O peixe é um alimento nutritivo e com baixo teor de gordura, uma fonte concentrada de proteína, além de ser rico em ômega-3, ácidos graxos essenciais na produção de energia que ajudam a equilibrar os níveis de açúcar no sangue.

3. Escolha o carboidrato certo

Opte por carboidratos de índice glicêmico (IG) baixo, que classifica os alimentos de acordo com seus efeitos nos níveis de açúcar no sangue. Carboidratos com IG alto (como açúcar e doces, pão branco e batata) fazem os níveis de açúcar no sangue subir rapidamente para, logo em seguida, caírem,

provocando uma queda abrupta de energia. Carboidratos de IG baixo (cereais integrais, vegetais e legumes) mantêm os níveis de energia mais estáveis.

Prefira pão, arroz, massa e cereais integrais e uma variedade de legumes (que também são ricos em proteína). Esses alimentos são boas fontes de vitaminas do complexo B, que servem de apoio ao sistema nervoso em situações de estresse, e são ricos em fibras, que ajudam no funcionamento do sistema digestório e na manutenção de níveis estáveis de açúcar no sangue.

4. Poupe o fígado

É importante não sobrecarregar o fígado para que ele possa executar as múltiplas funções de remover as toxinas do sangue, equilibrar os níveis hormonais e auxiliar a digestão dos alimentos. Dê preferência a folhas verdes, frutas vermelhas, cebola e iogurtes com probióticos. Cigarro, cafeína e álcool irritam o fígado e esgotam a energia. Quando você estiver lutando contra a fadiga, é melhor evitá-los.

5. Consuma ferro

O ferro (presente em ostras, carne vermelha, peru, frutas secas e folhas verdes) deve ser consumido em combinação com a vitamina C para ser mais bem absorvido. Ele aumenta os níveis de hemoglobina no sangue, proteína responsável por carregar oxigênio até os músculos e órgãos, possibilitando que eles convertam nutrientes em energia.

6. Inclua iodo na dieta

Para funcionar bem, a glândula tireoide precisa de iodo. Mesmo uma leve deficiência pode deixar você sem disposição. É por isso que você deve comer alimentos ricos em iodo (alga, ovo, marisco e iogurte natural). Não exagere no consumo de produtos à base de soja e não coma hortaliças brássicas em excesso (repolho, brócolis, couve-flor e couve), ainda que você tenha leve deficiência desse mineral, porque elas interferem na absorção de iodo.

7. Cuidado com a candidíase

A infecção por cândida no sistema gastrointestinal pode causar baixa de energia e dores de cabeça frequentes. Para evitar que isso ocorra, reduza o consumo de açúcar, evite ingerir álcool e alimentos que fermentam na parte superior do trato digestivo, como cogumelo, carboidrato refinado e vinagre. Coma bastante iogurte natural para repor as bactérias saudáveis do sistema digestório.

8. Melhore suas noites de sono

Opte por alimentos que melhorem a qualidade do sono. O triptofano é um aminoácido importante que proporciona noites tranquilas (entre as boas fontes estão peru, frango, atum, tofu e feijão-roxinho), enquanto o magnésio (encontrado em nozes e folhas verdes) ajuda a relaxar e possibilita um bom descanso.

9. Coma alimentos que levantam o humor

Falta de energia é um sintoma comum da depressão, mas determinados alimentos (entre eles peru, salmão e cacau) proporcionam a liberação de "hormônios da felicidade", como a serotonina, que melhora o estado de ânimo.

10. Mantenha-se hidratado

Beber muita água é essencial. Chás de ervas também são recomendados, mas evite tomar muito suco de frutas, que eleva os níveis de açúcar no sangue.

É hora da dieta

Você se sentirá melhor assim que começar a ingerir os alimentos certos e deixar de lado aqueles que o deixam fatigado. Siga o plano de dieta para duas semanas das páginas 30-3 e verifique a seção que lista os sintomas (páginas 26-9) e concentre-se em alimentos recomendados para tratar as causas de sua baixa energia. Nas páginas 12-25 há conselhos de como incluir na dieta os alimentos funcionais mais eficientes.

Exercícios dão energia; portanto, tente incorporá-los em seus hábitos de vida. Atividade física regular reduz os níveis do hormônio do estresse e promove a liberação de endorfinas – neurotransmissores do bem-estar –, assim como estimula o suprimento de sangue oxigenado para os tecidos e ainda coopera para um sono tranquilo.

Há muitos outros benefícios a ser obtidos ao seguir os conselhos deste livro. Quem estiver acima do peso, vai começar a perder o excesso de maneira gradual e duradoura. Os alimentos desta dieta também ajudam os dependentes de cafeína, cigarro ou álcool a ter menos desejo por essas substâncias. Os incômodos físicos, como dores de cabeça e tensão muscular, ficarão no passado, e seus níveis de energia não mais oscilarão entre as refeições. A sensação será de bem-estar geral, e não demorará muito para você recuperar o entusiasmo!

SUPERALIMENTOS
QUE ENERGIZAM

SUPERALIMENTOS

Inclua na dieta estes alimentos essenciais para manter a produção de energia constante, sem quedas repentinas.

Cacau

- ✔ Melhora a concentração
- ✔ Estimula o bom humor
- ✔ Aumenta a energia
- ✔ Equilibra os níveis de açúcar no sangue
- ✔ Ajuda a combater dependências
- ✔ Aumenta o suprimento de sangue rico em oxigênio
- ✔ Favorece a saúde do fígado

O cacau é uma das fontes mais ricas em antioxidantes. Contém substâncias que aliviam a depressão e os sintomas do estresse. Use cacau em pó 100% puro.

É rico em...

- → Magnésio, que beneficia a produção de energia, reduz a sensação de cansaço e ameniza as oscilações de humor
- → Ferro, necessário para a produção de glóbulos vermelhos, que transportam oxigênio no sangue
- → Anandamida, para elevar os níveis de serotonina, endorfina e dopamina, que ajudam a relaxar e melhoram o humor
- → Flavonoides, que auxiliam na redução da resistência à insulina e estabilizam os níveis de açúcar no sangue

Use em... pratos que levam carne para realçar o sabor; adicione a caldas e bebidas quentes de chocolate; coloque em vitaminas de banana com um pouco de mel; acrescente em bolos, biscoitos e pudins.

VEJA: AMÊNDOA COBERTA COM CACAU E CANELA, P. 60; BRIGADEIRO DE SEMENTE DE LINHAÇA E CACAU, P. 61; BROWNIE DE BETERRABA, P. 124

Couve

- ✔ Equilibra os teores de açúcar no sangue
- ✔ Estimula a produção de glóbulos vermelhos
- ✔ Aumenta a energia
- ✔ Favorece a função hepática
- ✔ Proporciona saúde às glândulas suprarrenais
- ✔ Regula a liberação de hormônio
- ✔ Ajuda a combater dependências
- ✔ Ativa a imunidade

A couve é uma das maiores fontes vegetais de cálcio, promove ciclos de sono reparador e favorece o sistema nervoso. Um estudo mostrou que uma dieta rica em vitamina E, da qual a couve é uma fonte excelente, reduz em 30% o risco de desenvolver diabetes. Caso você sofra de hipotireoidismo, evite comer porções fartas (veja p. 27).

É rica em...

- → Cálcio, que proporciona sono reparador e favorece o sistema nervoso
- → Vitaminas do complexo B, que combatem a fadiga, a ansiedade e a depressão e aumentam a concentração e a energia
- → Ferro, que estimula a produção de glóbulos vermelhos, transportadores de oxigênio no sangue
- → Vitamina C, que ativa a imunidade, protege as células de danos causados pelo estresse e estimula o metabolismo

Use em... sopas, cozidos e caçarolas; cozinhe no vapor e cubra com raspas de limão-siciliano, sal e azeite; acrescente ao macarrão integral com pesto e parmesão ralado; refogue com cogumelos e castanha--de-caju.

VEJA: SOPA DE COUVE COM CROÛTON DE ALHO, P. 75; SOPA DE COUVE COM FEIJÃO-BRANCO, P. 76

Alecrim

- ✔ Estimula o bom humor
- ✔ Aumenta a concentração
- ✔ Ativa a memória
- ✔ Alivia a dor
- ✔ Proporciona boa digestão
- ✔ Favorece a função hepática
- ✔ Melhora a energia para fazer exercícios
- ✔ Diminui a sensação de fadiga
- ✔ Aumenta a imunidade

O uso do alecrim tem longa tradição como estimulante. Estudos demonstram que basta aspirar a erva para ficar mais alerta e obter uma melhora da memória. É fonte de minerais e antioxidantes, que promovem a saúde geral e atuam, em particular, no cérebro, fígado e sistema imunológico.

É rico em...

- → Vitamina A, para a saúde do sistema imunológico e nervoso
- → Ácido carnósico, antioxidante que protege as células e os tecidos cerebrais e ainda melhora a memória
- → Agentes anti-inflamatórios, como o ácido rosmarínico, que alivia dores de cabeça e musculares
- → Ácido fólico e outras vitaminas do complexo B, que mantêm o sistema nervoso e o metabolismo saudáveis, estabilizam o açúcar no sangue e estimulam a energia

Use em... omeletes e fritadas; para temperar frango e tagine; em assados de batatinha e batata-doce com azeite e alho; imerso em azeite para temperar grissinis integrais; asse com abóbora-cheirosa e queijo de cabra.

VEJA: ABÓBORA E QUEIJO DE CABRA ASSADOS, P. 92; ENSOPADO DE PERU COM IOGURTE E ROMÃ, P. 109; BOLO DE FIGO E NOZES, P. 125

Amora

- ✔ Aumenta a energia
- ✔ Proporciona boa digestão
- ✔ Ameniza a prisão de ventre
- ✔ Estabiliza os níveis de açúcar no sangue
- ✔ Alivia a dor
- ✔ Favorece a função hepática
- ✔ Regula os hormônios

Rica em fibras e vitamina C, que ativa o sistema imunológico, a amora aumenta a energia e estimula o bom humor, além de auxiliar a saúde em geral. Os antioxidantes da amora e de outras frutas vermelhas, roxas e azuis combatem inflamações relacionadas a dores crônicas, como cefaleias e artrites.

É rica em...

- → Antocianinas, antioxidantes que melhoram a saúde e combatem inflamações
- → Fibras, que estabilizam os níveis de açúcar no sangue, promovem boa digestão e favorecem a função hepática
- → Fitonutrientes, que ajudam a equilibrar os hormônios e aliviam os sintomas da tensão pré-menstrual (TPM) e da menopausa
- → Vitamina K, essencial ao funcionamento do sistema nervoso e do cérebro

Use em... salada de frutas; salada de folhas verdes com pecã torrada e queijo feta; em crumbles e compotas de frutas; bata com iogurte natural e mel para preparar uma vitamina que estimula o bom humor; asse com carne de porco.

VEJA: BARRINHA MATINAL DE AMORA, P. 39; QUINOA ASSADA COM MAÇÃ E FRUTAS VERMELHAS, P. 42; CRUMBLE DE PERA E AMORA, P. 117; TRIFLE DE MAÇÃ E AMORA, P. 118

Abacate

- ✔ Favorece a função hepática
- ✔ Acalma a dor
- ✔ Estimula o bom humor
- ✔ Proporciona sono reparador
- ✔ Alivia os sintomas do estresse
- ✔ Aumenta a imunidade
- ✔ Estabiliza o açúcar no sangue
- ✔ Ativa a memória

Estudos recentes mostram que o consumo regular de abacate melhora a saúde do fígado. As gorduras saudáveis e as proteínas contidas no abacate podem acelerar o metabolismo, reduzir o colesterol e promover uma fonte duradoura de energia.

É rico em...

- → Potássio, para um sistema nervoso saudável e o controle da dor
- → Magnésio, que reduz a liberação do hormônio do estresse, o cortisol, regula a função neural e proporciona sono reparador
- → Glutationa, essencial para a eliminação de toxinas pelo fígado
- → Fibra, que estabiliza os níveis de açúcar no sangue e melhora o apetite e a digestão

Use em... sanduíches, no lugar de manteiga ou maionese; wraps de legumes grelhados com molho de tomate fresco; salada de tomate e cebola; guacamole para servir com legumes crus; vitaminas de frutas vermelhas e banana; cobertura de salada com vieiras grelhadas.

VEJA: HOMUS DE ABACATE, P. 52; SUSHI DE ARROZ INTEGRAL E QUINOA, P. 56; FRANGO DEFUMADO COM VAGEM E NOZES, P. 83; HAMBÚRGUER DE PERU COM MOLHO PICANTE, P. 90

Nozes

- ✔ Estabilizam os hormônios
- ✔ Regulam os níveis de açúcar no sangue
- ✔ Reduzem o desejo incontrolável de comer
- ✔ Diminuem a fadiga muscular e geral
- ✔ Proporcionam ciclos de sono sadios
- ✔ Aumentam a energia

As nozes são uma das melhores fontes de fitoestrógenos (estrógenos naturais da planta), que estabilizam os hormônios femininos, aumentam a energia e dão sensação de bem-estar. Também são ricas em triptofano, que estimula o bom humor, dá mais energia e propicia sono reparador.

São ricas em...

- → Arginina e glutationa, que favorecem a atividade hepática
- → Ômega-3, que inibe aumentos repentinos do hormônio do estresse e ajuda o funcionamento do cérebro
- → Magnésio, que reduz a fadiga muscular, ativa a imunidade e favorece o relaxamento
- → Proteína de alta qualidade, que aumenta a energia

Use em... salada de folhas verdes com cranberry, maçã e queijo de cabra; acrescente a crumbles doces e salgados; salpique saladas de frango com molho de coalhada e raspas de limão-siciliano; adicione a pratos de arroz picante; sirva com beterraba assada; acrescente a bolos e pães.

VEJA: QUINOA ASSADA COM MAÇÃ E FRUTAS VERMELHAS, P. 42; BRIGADEIRO DE SEMENTE DE LINHAÇA E CACAU, P. 61; BARRINHA DE DAMASCO E NOZES, P. 62; FRANGO DEFUMADO COM VAGEM E NOZES, P. 83; CRUMBLE DE PERA E AMORA, P. 117; BROWNIE DE BETERRABA, P. 124; BOLO DE FIGO E NOZES, P. 125

Quinoa

- ✔ Estimula o bom humor
- ✔ Alivia a ansiedade
- ✔ Proporciona sono reparador
- ✔ Estabiliza os níveis de açúcar no sangue
- ✔ Reduz a fadiga
- ✔ Inibe as oscilações de humor
- ✔ Aumenta a produção de glóbulos vermelhos no sangue
- ✔ Melhora a energia para fazer exercícios
- ✔ Combate dores crônicas

A quinoa é uma semente nutritiva e proteica, repleta de vitaminas do complexo B, fibra e ferro, que aumentam a energia e estimulam o bom humor.

É rica em...

- → Triptofano, que eleva os níveis de serotonina, chamada de hormônio da felicidade por trazer bem-estar
- → Melatonina, que proporciona sono reparador e ciclos de sono tranquilo
- → Lisina, que ajuda o organismo a absorver o cálcio, mineral que auxilia o sistema nervoso
- → Fibras, que equilibram os níveis de açúcar no sangue, favorecem a função hepática e a boa digestão, aliviam a prisão de ventre e estabilizam o humor

Use em... sopas, caçarolas e cozidos; use na salada no lugar do arroz ou do cuscuz marroquino e como base para curries, tagines e legumes grelhados; sirva quente com cebolinha, limão-siciliano e coentro; incorpore à massa de pães e bolos naturais com frutas secas e nozes.

VEJA: SUSHI DE ARROZ INTEGRAL E QUINOA, P. 56; TAGINE DE ABÓBORA COM QUINOA E ERVAS, P. 96

Linguado

- ✔ Estabiliza os níveis de açúcar no sangue
- ✔ Reduz a fome e o desejo incontrolável de comer
- ✔ Ameniza os sintomas do estresse
- ✔ Combate a ansiedade e a depressão
- ✔ Diminui a fadiga
- ✔ Proporciona o bom funcionamento do coração
- ✔ Aumenta a energia
- ✔ Favorece a saúde do fígado
- ✔ Melhora as funções cognitivas

O linguado beneficia o funcionamento do coração e do fígado, cruciais para a produção de energia. É rico em magnésio, que regula o sistema nervoso e diminui a produção do hormônio do estresse, causador de ansiedade e baixa energia.

É rico em...

- → Ômega-3, que equilibra os níveis de açúcar no sangue e reduz a adrenalina e outros hormônios do estresse
- → Selênio, que estabiliza o humor e combate a ansiedade e a depressão
- → Vitaminas do complexo B, entre elas a B_{12}, indispensáveis para a produção de glóbulos vermelhos do sangue, veículos de oxigênio, e para a estabilização do sistema nervoso
- → Glutationa, essencial para o bom funcionamento do fígado

Use em... enchiladas de peixe ou fajitas; grelhe com alho, salsinha e limão-siciliano; asse em espetinhos com limão e óleo de gergelim; prepare ceviche de linguado com manga; acrescente a refogados e curries tailandeses.

VEJA: LINGUADO COM MOSTARDA E FOLHA DE CURRY, P. 98; LINGUADO E OSTRA PICANTES COM SALADA DE BETERRABA, P. 99

Amêndoa

- ✔ Proporciona sono reparador
- ✔ Estimula o bom humor
- ✔ Ameniza a fadiga
- ✔ Combate o estresse
- ✔ Estabiliza os níveis de açúcar no sangue
- ✔ Alivia os problemas de digestão e a prisão de ventre
- ✔ Ativa a imunidade

A amêndoa é rica em vitaminas do complexo B, que aumentam a energia e aliviam os sintomas do estresse. É fonte de fibras e magnésio, que combate a fadiga muscular e aumenta os níveis de serotonina.

É rica em...

- → Vitamina B_{12}, que aumenta a energia e o suprimento de sangue oxigenado, e ainda é indispensável para o metabolismo sadio
- → Zinco, essencial para a imunidade, a libido, o equilíbrio hormonal, a energia, o humor e a memória
- → Cálcio e magnésio, que combatem a ansiedade e auxiliam o sistema nervoso
- → Gorduras saudáveis, que reduzem as doenças do coração e equilibram os níveis de açúcar no sangue

Use em... torradas como manteiga de amêndoa; adicione leite de amêndoa aos cereais ou bebidas quentes; sirva em saladas com queijo e frutas secas; acrescente em müsli ou crumble; empane peito de frango ou peixe com farinha de amêndoa; use em pesto no lugar de pinhole e em tagine; acrescente em bolos e outros itens de confeitaria.

VEJA: GRANOLA COM GLACÊ DE MAPLE SYRUP E FRUTA, P. 38; MINGAU COM COMPOTA DE AMEIXA, P. 40; QUINOA ASSADA COM MAÇÃ E FRUTAS VERMELHAS, P. 42

Ovo

- ✔ Reduz a fome incontrolável e as dependências
- ✔ Estabiliza os níveis de açúcar no sangue
- ✔ Alivia as oscilações de humor
- ✔ Aumenta a energia para fazer exercícios
- ✔ Favorece o funcionamento da tireoide
- ✔ Ativa a memória e a concentração
- ✔ Ajuda a função hepática

O ovo contém todos os oitos aminoácidos essenciais, cujas funções no organismo incluem estabilizar o humor e os hormônios e servir como fonte duradoura de energia. Também é fonte de cálcio, ferro, zinco e as vitaminas A, B, D e E.

É rico em...

- → Iodo, que beneficia a tireoide, o metabolismo e o sistema cardiovascular
- → Vitaminas do complexo B, importantes na produção de neurotransmissores, que regulam o humor e conduzem os impulsos nervosos, e também para combater a fadiga e a ansiedade
- → Colina, que ativa a memória e estimula a energia
- → Enxofre, que favorece a função hepática, a produção de hormônios, a digestão e aumenta a energia

Use em... omelete recheada com espinafre e cogumelo; sirva salmão defumado com ovo poché e torrada integral; ovo cozido com tomate picado e pimenta-malagueta em um café da manhã à mexicana; cozido para um lanche, principalmente durante os exercícios ou antes deles.

VEJA: QUINOA ASSADA COM MAÇÃ E FRUTAS VERMELHAS, P. 42; BAGEL COM OVO MEXIDO E SALMÃO DEFUMADO, P. 44; FRITADA DE SALMÃO, ENDRO E ALHO-PORÓ, P. 48

Pimenta

- ✔ Reduz a fome incontrolável e as dependências
- ✔ Ativa o metabolismo
- ✔ Alivia a dor
- ✔ Melhora a dor de cabeça
- ✔ Ajuda a digestão
- ✔ Combate a prisão de ventre e a síndrome do cólon irritável
- ✔ Estimula a imunidade

A capsaicina - ingrediente ativo das pimentas - promove a saúde do coração, alivia a dor, melhora a memória, a concentração e o controle das dependências. Pimentas e pimentões contêm substâncias que fazem subir a temperatura corporal e os níveis de oxigênio no sangue por até 20 minutos após o consumo.

É rica em...

- → Capsaicina, que eleva a taxa metabólica (queima, assim, calorias e proporciona energia) e alivia e evita dores de cabeça
- → Vitamina C, que ativa a imunidade e reduz a ação do hormônio do estresse, o cortisol
- → Vitamina K, para um sistema nervoso e funções cerebrais saudáveis
- → Vitamina B_6, para maior produção de sangue, controle do sistema nervoso e equilíbrio hormonal

Use em... molhos de carne e vegetarianos apimentados; acrescente a molhos de tomate servidos com tortilhas integrais; refogue com pimentões vermelho e amarelo e sirva como acompanhamento de atum grelhado.

VEJA: SOPA PICANTE DE FEIJÃO E PIMENTÃO, P. 74; HAMBÚRGUER DE PERU COM MOLHO PICANTE, P. 90; POTINHO DE CHOCOLATE COM PIMENTA, P. 111

Romã

- ✔ Aumenta a energia
- ✔ Ativa a imunidade
- ✔ Estabiliza o peso
- ✔ Regula os hormônios
- ✔ Equilibra o nível de açúcar no sangue
- ✔ Estimula a boa digestão
- ✔ Alivia o estresse

As sementes da romã são ricas em energia proveniente das vitaminas do complexo B e excelente fonte de ferro. Pesquisas mostram que as sementes e o suco de romã podem aumentar o suprimento de sangue oxigenado para o coração.

É rica em...

- → Fibras, que estabilizam os hormônios e os níveis de açúcar no sangue, promovem a boa digestão e combatem a prisão de ventre
- → Ácido fólico, que proporciona um sistema nervoso sadio e alivia a inflamação
- → Flavonoides, que reduzem os níveis do hormônio do estresse, o cortisol
- → Fitoquímicos, que estimulam os receptores da serotonina e do estrogênio, e assim melhoram os sintomas da depressão, além de estabilizar o humor e os hormônios

Use em... molho fresco de frutas, servido com cozido de cordeiro ou de carne de porco; acrescente a vitaminas com frutas vermelhas, tâmara, semente de linhaça e abacate; adicione a cereais matinais, iogurte e müsli; espalhe sobre salada com nozes e queijo feta.

VEJA: VITAMINA DE SEMENTE DE LINHAÇA E ROMÃ, P. 36; SALADA DE MELANCIA, ROMÃ E QUEIJO HALLOUMI, P. 84; ENSOPADO DE PERU COM IOGURTE E ROMÃ, P. 109

Salmão

- ✔ Alivia a dor
- ✔ Incentiva a memória e a concentração
- ✔ Estimula o bom humor
- ✔ Aumenta a energia
- ✔ Proporciona o relaxamento
- ✔ Induz ao sono reparador
- ✔ Reduz o desenvolvimento de candidíase
- ✔ Combate a ansiedade
- ✔ Melhora o funcionamento da tireoide

O salmão é uma excelente fonte de ômega-3, responsável pelo alívio da dor e da inflamação e pela saúde do coração e das funções cerebrais. É rico em magnésio, auxiliar dos impulsos nervosos e do sono reparador.

É rico em...

- → Vitamina B6, que suaviza os sintomas da TPM, como ansiedade, depressão e seios doloridos, produz serotonina e sangue oxigenado para manter a energia
- → Ácido docosa-hexaenoico (DHA), conhecido por combater a depressão e melhorar o humor e as funções cognitivas
- → Vitamina D e proteínas, que reduzem a inflamação causada por dores em geral, incluindo as cefaleias
- → Ácido eicosapentaenoico (EPA), que ajuda a controlar o apetite e a prevenir o acúmulo de gorduras nocivas no corpo

Use em... macarrão e risoto; sirva salmão defumado com ovo mexido ou poché no café da manhã; cubra o salmão fresco com pesto e leve para grelhar; espalhe lâminas de salmão poché sobre salada de ervas.

VEJA: BAGEL COM OVO MEXIDO E SALMÃO DEFUMADO, P. 44; FRITADA DE SALMÃO, ENDRO E ALHO-PORÓ, P. 48

Abóbora-cheirosa

- ✔ Reduz a inflamação
- ✔ Regula os níveis de açúcar no sangue
- ✔ Proporciona boa digestão
- ✔ Induz ao relaxamento
- ✔ Estimula o bom humor
- ✔ Melhora a dor
- ✔ Combate a prisão de ventre

Excelente fonte de fibra, a abóbora-cheirosa pode aliviar o mal-estar digestivo e estabilizar os níveis de açúcar no sangue. Sua cor viva é um indicativo da miríade de vitaminas e minerais antioxidantes que contém, os quais ajudam a reduzir o impacto do estresse no organismo e na mente e a prevenir quadros inflamatórios. O ômega-3 auxilia o organismo a converter alimento e gordura corporal em energia.

É rica em...

- ➔ Vitamina B_6, para auxiliar o sistema nervoso, induzir ao relaxamento e prevenir doenças do coração
- ➔ Vitamina C, que ajuda a equilibrar os níveis do hormônio do estresse, o cortisol, ativa a imunidade e facilita a digestao
- ➔ Vitamina D, que beneficia o coração e os nervos, combate a fadiga e estabiliza o humor
- ➔ Potássio, para um sistema nervoso saudável e o alívio da dor

Use em... sopas, cozidos, curries e tagines; amasse com coalhada e pimenta-do-reino; asse pedaços grandes com cebola, gengibre e canela; para um delicioso molho de macarrão, asse a abóbora e misture com ricota, espinafre, manjericão e alho.

VEJA: RISOTO DE CEVADA COM ALHO-PORÓ, ERVILHA E ABÓBORA, P. 93; TAGINE DE ABÓBORA COM QUINOA E ERVAS, P. 96

Figo

- ✔ Estimula as atividades cerebrais e o sistema nervoso
- ✔ Estabiliza o açúcar no sangue
- ✔ Ativa a imunidade
- ✔ Reduz a inflamação e a dor
- ✔ Equilibra o nível dos hormônios
- ✔ Melhora a saúde hepática
- ✔ Combate a fadiga
- ✔ Previne e trata a prisão de ventre

O figo é uma fonte excelente de fibras, que favorecem o sistema digestório e o fígado. Suas vitaminas e minerais aliviam as dores musculares, estimulam as atividades cerebrais e equilibram os níveis de açúcar no sangue. Figos secos também são benéficos, mas contêm menos nutrientes.

É rico em...

- ➔ Ômega-3 e ômega-6, que previnem inflamações e as consequentes dores, promovem a liberação de energia proveniente da gordura corporal e dos alimentos
- ➔ Cálcio, essencial às células do organismo na produção de energia
- ➔ Potássio, que regula os níveis de açúcar no sangue, previne câimbras, ativa a imunidade e o metabolismo
- ➔ Fibras solúveis e insolúveis, que contribuem para a boa digestão, equilibram o açúcar no sangue, eliminam toxinas e melhoram a saúde do fígado

Use em... bolos e tortas de frutas; picado (com pele), acrescente a cereais matinais e müsli; asse e faça uma compota para servir com iogurte natural; sirva com gorgonzola e nozes sobre alface.

VEJA: FIGO COM PRESUNTO CRU, P. 58; BOLO DE FIGO E NOZES, P. 125

Beterraba

- ✔ Aumenta os níveis de energia
- ✔ Contribui para um sistema nervoso saudável
- ✔ Relaxa e induz o bem-estar
- ✔ Beneficia o fígado
- ✔ Melhora o desempenho nos exercícios
- ✔ Estimula o bom humor
- ✔ Previne a candidíase
- ✔ Alivia a prisão de ventre

Além da grande quantidade de fibras, a beterraba é também rica em ferro, que ativa a produção de glóbulos vermelhos no sangue e aumenta a energia. Combate o crescimento do fungo cândida no intestino, que afeta o ânimo.

É rica em...

- → Ácido fólico, que estimula o bom humor, reduz a inflamação e favorece o sistema nervoso
- → Flavonoides, enxofre e betacaroteno, que melhoram a função hepática
- → Nitratos, que recuperam os músculos e melhoram o desempenho físico
- → Triptofano e betaína, para combater a depressão, estimular o bom humor e proporcionar um sono reparador

Use em... borscht, sopa do Leste Europeu; para uma deliciosa salada, asse e cubra com queijo feta e nozes torradas; para um café da manhã e lanche revigorantes, faça um suco e sirva com gelo moído; asse e faça um purê com uma pitada de raiz-forte e sirva com pão sírio ou legumes crus.

VEJA: CRISPS DE BETERRABA ASSADA, P. 55; SOPA DE BETERRABA E MAÇÃ, P. 72; FILÉ DE SARDINHA COM MOLHO DE BETERRABA, P. 80; SALADA DE BETERRABA E LARANJA, P. 88; ABÓBORA E QUEIJO DE CABRA ASSADOS, P. 92; BROWNIE DE BETERRABA, P. 124

Ostra

- ✔ Aumenta a energia
- ✔ Melhora o funcionamento da tireoide
- ✔ Estimula o bom humor
- ✔ Reduz a fome incontrolável e as dependências
- ✔ Estabiliza os hormônios
- ✔ Alivia os sintomas do estresse
- ✔ Ativa a imunidade

A ostra é uma das melhores fontes de zinco, essencial para o bom desempenho e a resistência dos atletas, o equilíbrio do sistema nervoso, a memória e os níveis saudáveis de açúcar no sangue. É também rica em proteínas de fácil digestão, o que a torna ideal para aumentar rapidamente a energia.

É rica em...

- → Cobre e ferro, que estimulam o bom funcionamento da tireoide
- → Cromo, para equilibrar os níveis de açúcar no sangue e proporcionar energia duradoura
- → Selênio, que auxilia a tireoide, estimula o bom humor e mantém o coração saudável
- → Zinco, para a boa imunidade, o equilíbrio dos hormônios, a prevenção do estresse e para dar energia

Use em... tortas de peixe e ensopados; grelhada e servida em pão integral com cebolinha-francesa e coalhada; sirva crua na casca com limão-siciliano; grelhe com manteiga de erva-doce; escalde e sirva com sopa de alho-poró e batata.

VEJA: LINGUADO E OSTRA PICANTES COM SALADA DE BETERRABA, P. 99; COZIDO CREMOSO DE OSTRA COM ARROZ E ALGA, P. 102.

Damasco

- ✔ Alivia a tensão muscular e a dor de cabeça
- ✔ Ativa o sistema imunológico
- ✔ Protege contra danos causados pelo estresse
- ✔ Aumenta a energia
- ✔ Equilibra o açúcar no sangue
- ✔ Estimula a produção de glóbulos vermelhos do sangue
- ✔ Combate a prisão de ventre
- ✔ Promove a boa digestão

Rico em fibras, que equilibram os níveis de açúcar no sangue, o damasco favorece o fígado e o sistema digestório. Como é um alimento de índice glicêmico baixo, coopera para estabilizar os níveis de energia. Contém vitamina A e potássio, e ativa a concentração e a imunidade.

É rico em...

- → Magnésio, que inibe a liberação do hormônio do estresse, o cortisol, e contribui para um sono reparador
- → Betacaroteno e licopeno, antioxidantes que ativam a imunidade e promovem a saúde do coração
- → Ferro, para um bom sistema imunológico e para aumentar a energia
- → Potássio, para um sistema nervoso saudável e o alívio de dores crônicas

Use em... saladas doces e salgadas, com maçã, queijo de cabra e nozes; acrescente em tagines de cordeiro e de frango; macere o damasco em um pouco de suco de uva e faça um purê ou sirva como compota com iogurte natural; bata com banana para uma vitamina revigorante; consuma fresco ou seco como lanchinho.

VEJA: PÃO DE CEREJA, AMÊNDOA E DAMASCO, P. 43; BARRINHA DE DAMASCO E NOZES, P. 62

Coco

- ✔ Regula o funcionamento da tireoide
- ✔ Alivia a prisão de ventre
- ✔ Aumenta a energia
- ✔ Equilibra o açúcar no sangue
- ✔ Favorece a função hepática
- ✔ Ativa o metabolismo
- ✔ Combate a fome incontrolável
- ✔ Melhora a digestão
- ✔ Previne a candidíase intestinal

O coco contém gorduras saturadas facilmente metabolizadas pelo organismo, que fornecem energia duradoura e, ao mesmo tempo, estimulam a função hepática. O óleo de coco tem sido usado com sucesso para combater a candidíase.

É rico em...

- → Triglicerídeos de cadeia média, uma forma de gordura saturada que regula o funcionamento do fígado, promove a saúde do coração, equilibra o açúcar no sangue e é de rápida metabolização
- → Fibras solúveis e insolúveis, que reduzem os níveis de colesterol no sangue, melhoram a digestão, prolongam a sensação de saciedade e previnem a prisão de ventre
- → Ácido láurico, que ativa o metabolismo e a imunidade
- → Manganês, que contribui para o sistema nervoso, o funcionamento da tireoide e a produção de energia

Use em... curries e sopas; acrescente leite de coco em pratos de arroz; use coco desidratado e ralado em müsli e granola; rale coco fresco em tortas de peixe e camarão ou em panquecas integrais.

VEJA: LINGUADO COM MOSTARDA E FOLHA DE CURRY, P. 98; ESPETO TAILANDÊS DE FRUTAS, P. 110; PUDIM DE DAMASCO E COCO, P. 116

Semente de linhaça

- ✔ Estimula o bom humor
- ✔ Favorece a função hepática
- ✔ Proporciona boa digestão
- ✔ Estabiliza os níveis de açúcar no sangue
- ✔ Alivia a dor
- ✔ Combate a candidíase intestinal
- ✔ Equilibra os hormônios
- ✔ Ajuda a queimar gordura corporal
- ✔ Protege contra o estresse

Uma das melhores fontes de fibras e fitoestrógenos, a linhaça é rica em óleos saudáveis que protegem o coração, tornam a digestão e a função hepática mais eficientes e ainda estabilizam o nível de açúcar no sangue.

É rica em...

- → Ômega-3, para estimular o bom humor, aliviar inflamações, promover a saúde do coração e do cérebro e prevenir picos de hormônios do estresse
- → Fitoestrógenos, que equilibram os hormônios e reduzem os sintomas da TPM e da menopausa
- → Magnésio, para ter um sistema nervoso saudável e um sono reparador
- → Potássio, para suavizar contrações musculares durante os exercícios, melhorar o funcionamento do cérebro e do sistema nervoso, ativar o estado de alerta e equilibrar os níveis de açúcar no sangue

Use em... vitaminas, mingaus e iogurtes naturais com um pouco de mel; saladas e müsli; misture à massa de panqueca e sirva com frutas frescas e cottage; acrescente em pães e bolos.

VEJA: VITAMINA DE SEMENTE DE LINHAÇA E ROMÃ, P. 36; BRIGADEIRO DE SEMENTE DE LINHAÇA E CACAU, P. 61

Alga

- ✔ Promove a saúde da tireoide
- ✔ Favorece as glândulas suprarrenais
- ✔ Equilibra os hormônios
- ✔ Proporciona mais energia
- ✔ Estimula o metabolismo
- ✔ Regula o açúcar no sangue

Todas as algas marinhas são altamente nutritivas e benéficas para a saúde. Contêm muitas vitaminas, minerais, microelementos e mais de 21 aminoácidos que ajudam a equilibrar o açúcar no sangue. Estimulam as glândulas, em particular a tireoide, para produzir e estabilizar a energia.

É rica em...

- → Ferro, para aumentar a energia e aliviar o cansaço
- → Iodo, que regula a tireoide e os hormônios femininos e proporciona um metabolismo saudável
- → Fitoestrógenos, para equilibrar os hormônios e aliviar os sintomas da tensão pré-menstrual (TPM), como inchaço, fadiga e irritabilidade
- → Fibra e proteína, que estabilizam os níveis de açúcar no sangue e favorecem a saúde de modo geral

Use em... sushi com salmão e atum frescos para uma dose extra de ômega-3 e ômega-6; polvilhe sobre a comida no lugar do sal; acrescente flocos de alga kelp em cozidos, caçarolas e sopas para ganhar mais sabor, nutrientes e textura; consuma macarrão de alga no lugar do comum; adicione a quiches e fritadas; cozinhe no vapor e use sob ovo poché e salmão defumado.

VEJA: SUSHI DE ARROZ INTEGRAL E QUINOA, P. 56; COZIDO CREMOSO DE OSTRA COM ARROZ E ALGA, P. 102

Peru

- ✔ Proporciona sono reparador
- ✔ Alivia a ansiedade
- ✔ Melhora o humor
- ✔ Equilibra os níveis de açúcar no sangue
- ✔ Promove um sistema nervoso saudável
- ✔ Combate a depressão
- ✔ Diminui os sintomas do estresse
- ✔ Ativa a imunidade

Os aminoácidos encontrados no peru acalmam e relaxam e são responsáveis por melhorar o humor e regular os ciclos de sono. Pobre em ácidos graxos saturados, o peru é uma alternativa saudável às carnes vermelhas mais gordas, e suas vitaminas do complexo B ajudam o corpo a metabolizar as gorduras.

É rico em...

- → Triptofano, que estimula a liberação de serotonina, melhorando o humor e a qualidade do sono
- → Vitamina B_6, para a produção de sangue, um sistema nervoso saudável e o equilíbrio hormonal
- → Selênio, que promove o bom funcionamento do sistema imunológico
- → Zinco, para o equilíbrio hormonal, o bom desempenho atlético, a proteção contra o estresse e manutenção da energia

Use em... refogados com gengibre, limão e arroz ou macarrão de alga; salteado com pimentões e cebola e servido em wraps integrais como fajitas; no lugar da carne, em hambúrguer, almôndega e molho à bolonhesa; sanduíches e saladas.

VEJA: HAMBÚRGUER DE PERU COM MOLHO PICANTE, P. 90; ENSOPADO DE PERU COM IOGURTE E ROMÃ, P. 109

Cevada

- ✔ Equilibra o açúcar no sangue
- ✔ Auxilia a digestão
- ✔ Aumenta a energia
- ✔ Ajuda no controle do peso
- ✔ Reduz a ansiedade
- ✔ Melhora o humor
- ✔ Proporciona sono reparador

A cevada, por ter o menor índice glicêmico de todos os cereais, garante um fornecimento contínuo de energia. Boa fonte de fibra, melhora a digestão e estabiliza os níveis de açúcar no sangue. É rica em vitaminas do complexo B e selênio, que contribuem para a saúde do sistema nervoso e a estabilização do humor.

É rica em...

- → Triptofano, aminoácido que estimula a produção de serotonina, a substância do bem-estar, e o sono reparador
- → Cobre, que facilita a absorção de ferro e o aumento da produção de energia
- → Betaglucano, uma substância química que equilibra os níveis de açúcar no sangue e melhora a resposta do organismo à glicose
- → Selênio, que ajuda a estabilizar o humor e a prevenir a ansiedade e a depressão

Use em... água de cevada com suco de limão-siciliano para estimular a digestão e acalmar; incremente sopas, cozidos e caçarolas; recheie pimentões com cebola, pinhole e queijo feta; acrescente em risotos, pilafs e pudins no lugar do arroz; use em caçarolas com cogumelo e feijão-manteiga.

VEJA: CALDO DE CARNE E CEVADA, P. 79; LEGUMES ASSADOS COM QUEIJO FETA E CEVADA, P. 86; RISOTO DE CEVADA COM ALHO-PORÓ, ERVILHA E ABÓBORA, P. 93

Iogurte natural

- ✔ Reduz os hormônios do estresse
- ✔ Ajuda a aliviar a ansiedade e a depressão
- ✔ Promove a boa digestão
- ✔ Ativa a imunidade
- ✔ Induz ao relaxamento
- ✔ Melhora a produção de energia
- ✔ Combate a candidíase
- ✔ Favorece o funcionamento da tireoide

Um estudo recente mostrou que os probióticos (bactérias saudáveis) presentes no iogurte natural podem alterar a química do cérebro e ajudar no tratamento de distúrbios relacionados à ansiedade e à depressão. Eles também melhoram a digestão, combatem a candidíase e aumentam a produção de energia.

É rico em...

- → Cálcio, que contribui para um sistema nervoso saudável e um sono reparador
- → Probióticos, que melhoram a imunidade e a digestão, previnem a candidíase intestinal e aliviam os sintomas da depressão
- → Iodo, que ativa a produção de hormônios da tireoide, aumenta a energia e auxilia o metabolismo
- → Vitamina B_{12}, essencial para a produção de glóbulos vermelhos e para a saúde do sistema nervoso

Use em... vitaminas de frutas; sirva com cereais matinais e müsli no lugar do leite; misture com raspas de limão-siciliano e ervas frescas como molho de salada; bolos e outros itens de confeitaria.

VEJA: VITAMINA DE SEMENTE DE LINHAÇA E ROMÃ, P. 36; FROZEN IOGURTE DE FRUTAS VERMELHAS, P. 112; ROCAMBOLE DE MORANGO E FRAMBOESA, P. 114

Feijão-roxinho

- ✔ Equilibra o açúcar no sangue
- ✔ Promove a boa digestão
- ✔ Alivia a ansiedade
- ✔ Reduz os sintomas da depressão
- ✔ Estimula a liberação de serotonina
- ✔ Aumenta a produção de energia
- ✔ Favorece um sono reparador
- ✔ Melhora a função hepática
- ✔ Ativa a memória e a concentração

Rico em fibras, o feijão-roxinho combate a prisão de ventre e ajuda a manter os níveis de açúcar no sangue estáveis durante o dia. É uma excelente fonte de molibdênio, essencial para a desintoxicação do fígado.

É rico em...

- → Fibra solúvel, que ajuda a estabilizar os níveis de açúcar no sangue e gerar uma fonte estável de energia
- → Ferro, para produzir hemoglobina, necessária ao bom suprimento de sangue com oxigênio
- → Vitamina B1, para produzir energia e regular a função cognitiva, inclusive a memória
- → Manganês, para aumentar a produção de energia e a imunidade

Use em... sopas, cozidos, caçarolas e curries; sirva frio ou quente como salada com tomilho e suco de limão-siciliano; sirva como acompanhamento de peixe, curries e tagines; use na forma de purê com ervas e coalhada e sirva como guarnição; combine com feijões-preto e branco para preparar uma salada clássica de três feijões; adicione a molhos apimentados de carne ou vegetarianos, ou no lugar de tacos de carne ou de peru.

VEJA: DIP DE FEIJÃO-ROXINHO, P. 54; SOPA PICANTE DE FEIJÃO E PIMENTÃO, P. 74

Cebola

- ✔ Melhora a digestão
- ✔ Alivia a prisão de ventre
- ✔ Contribui para a saúde do fígado
- ✔ Favorece as glândulas suprarrenais
- ✔ Equilibra os níveis de açúcar no sangue
- ✔ Ativa a imunidade
- ✔ Promove o funcionamento da tireoide
- ✔ Estimula o metabolismo
- ✔ Combate a candidíase intestinal

Todos os membros da família da cebola (incluindo as cebolinhas e o alho-poró) são ricos em enxofre e polifenóis, que melhoram a saúde. Eles apresentam uma vasta gama de benefícios cardiovasculares, equilibram os níveis de açúcar no sangue e agem como anti-inflamatórios, aliviando diversas dores crônicas. São também uma boa fonte de prebióticos, que induzem a boa digestão.

É rica em...

- ➔ Cromo, para equilibrar os níveis de açúcar no sangue e promover energia duradoura
- ➔ Germânio, que ativa a imunidade e a ação das glândulas suprarrenais e tireoide
- ➔ Colina e metionina, que ajudam a impedir que a gordura seja depositada no fígado, protegendo-o de toxinas
- ➔ Prebióticos, que estimulam a saúde do fígado, aumentam a imunidade, combatem a candidíase intestinal e aliviam a prisão de ventre

Use em... sopas, cozidos, tagines, caçarolas e curries para ter mais sabor e fibras; refogue em azeite com um pouco de tomilho como guarnição; asse e coma inteira; coloque em ovos mexidos e fritadas; asse com batata e alho; use com salsinha fresca para rechear frangos; adicione a tomates picados para um molho fresco ou a abacate amassado para um guacamole; use como cobertura de pizza ou de massa.

VEJA: PIPERADE COM PASTRAMI, P. 50; DIP DE FEIJÃO-ROXINHO, P. 54; SOPAS, PP. 72-9; SALADA DE MELANCIA, ROMÃ E QUEIJO HALLOUMI, P. 84; LEGUMES ASSADOS COM QUEIJO FETA E CEVADA, P. 86; ABÓBORA E QUEIJO DE CABRA ASSADOS, P. 92; TAGINE DE ABÓBORA COM QUINOA E ERVAS, P. 96; LINGUADO COM MOSTARDA E FOLHA DE CURRY, P. 98; LINGUADO COM LEGUMES À PROVENÇAL, P. 100; COZIDO DE LINGUIÇA, GRÃO-DE-BICO E PIMENTÃO, P. 108; ENSOPADO DE PERU COM IOGURTE E ROMÃ, P. 109

QUAL É A SUA DIFICULDADE?

Se você está precisando de mais energia para melhorar seu desempenho esportivo ou se manter ativo em reuniões de trabalho, vai descobrir as soluções aqui. Diversos alimentos têm efeito positivo sobre a saúde e trabalham para tratar a mente e o corpo. Todas as dificuldades listadas são representadas por um ícone, que se repetirá nas receitas, para indicar qual delas pode ajudar a combatê-las.

Fadiga

Avelã, iogurte natural, semente de gergelim, espinafre, grão-de-bico, cacau, romã, figo, ovo, coco, couve, beterraba, damasco, cranberry, azeitona, canela, tâmara, salmão, linguado, groselha-preta, amora, cebola.

Receitas indicadas:
Brigadeiro de semente de linhaça e cacau, p. 61; Macarrão com grão-de-bico e amêndoa, p. 94; Crumble de pera e amora, p. 117

Anemia

Ovo, carne, frango, amêndoa, cacau, ostra, marisco, semente de abóbora, semente de gergelim, tomate seco, damasco seco, espinafre, lentilha, feijão-preto, castanha-do-pará, tâmara, figo, melaço, linguado, feijão-roxinho.

Receitas indicadas:
Caldo de carne e cevada, p. 79; Linguado e ostra picantes com salada de beterraba, p. 99; Pudim de damasco e coco, p. 116

Baixa concentração

Chocolate amargo, laranja, pecã, nozes, alecrim, abacate, linguado, quinoa, pipoca, mirtilo, laticínios, espinafre, abóbora, batata, manga, aspargo, ovo, morango, feijão-roxinho, espelta.

Receitas indicadas:
Piperade com pastrami, p. 50; Tagine de abóbora com quinoa e ervas, p. 96; Potinho de chocolate com pimenta, p. 111; Torta de pecã, p. 120

Preguiça

Frango, salmão, ovo, feijão-preto, lentilha, nozes, abacaxi, mamão, framboesa, alcachofra, centeio, abóbora-cheirosa, alecrim, coco, beterraba, quinoa, pimenta, aspargo.

Receitas indicadas:
Ovo quente com aspargo, p. 46; Canelone de frango com ervas e ricota, p. 106; Espeto tailandês de frutas, p. 110; Bolo de figo e nozes, p. 125

Insônia

Peru, banana, batata, mel, aveia, amêndoa, semente de linhaça, semente de girassol, cereja, atum, amendoim, queijo, iogurte natural, arroz integral, lentilha, quinoa, tâmara, manga, feijão-roxinho, beterraba.
Receitas indicadas: Pão de cereja, amêndoa e damasco, p. 43; Barrinha de limão, pistache e tâmara, p. 64; Ensopado de peru com iogurte e romã, p. 109

Dor crônica

Salmão, gengibre, cereja, azeite, chá-verde, nozes, semente de linhaça, soja, cúrcuma, uva, sálvia, espelta, quinoa, centeio, cacau, castanha-do-pará, aveia, amora, damasco, abacate, banana, vagem, alho, abóbora-cheirosa, batata-doce, pimenta.
Receitas indicadas: Homus de abacate, p. 52; Tagine de abóbora com quinoa e ervas, p. 96; Pudim de damasco e coco, p. 116

Desequilíbrio da tireoide

Alga, peru, cacau, camarão, carne, ostra, castanha-de-caju, semente de girassol, framboesa, tomate, pimentão vermelho, coco, castanha-do-pará, ovo, aveia, iogurte natural, frango, hadoque, maple syrup, abóbora, abóbora-cheirosa, kiwi, cebola.
Receitas indicadas: Fritada de salmão, endro e alho-poró, p. 48; Cozido cremoso de ostra com arroz e alga, p. 102

Fígado sobrecarregado

Repolho, couve, alho, beterraba, cenoura, chá-verde, espinafre, chicória, abacate, maçã, azeite, limão-siciliano, nozes, cúrcuma, cebola, ovo, pera, pinhole, amêndoa, amora, amendoim, atum, couve-flor, vinagre de maçã, mamão, linguado, alecrim, feijão-roxinho, figo.
Receitas indicadas: Sopa de couve com feijão-branco, p. 76; Atum glaceado no mel com purê de mandioquinha, p. 103

PLANO DE DIETA

Refeições	Segunda-feira	Terça-feira	Quarta-feira
Café da manhã	Granola com glacê de maple syrup e fruta, p. 38	Vitamina de semente de linhaça e romã, p. 36	Ovo quente com aspargo, p. 46
Lanche da manhã	Sushi de arroz integral e quinoa, p. 56	5 damascos secos	Barrinha de limão, pistache e tâmara, p. 64
Almoço	Frango defumado com vagem e nozes, p. 83	Caldo de carne e cevada, p. 79	Salada de beterraba e laranja, p. 88
Lanche da tarde	Crisps de beterraba assada, p. 55	Homus de abacate, p. 52, com pão sírio	Dip de feijão--roxinho, p. 54, com bolacha de aveia
Jantar	Linguado com mostarda e folha de curry, p. 98	Macarrão com grão-de-bico e amêndoa, p. 94	Hambúrguer de peru com molho picante, p. 90
Sobremesa	Espeto tailandês de frutas, p. 110	Brownie de beterraba, p. 124	Rocambole de morango e framboesa, p. 114

SEMANA 1

Quinta-feira	Sexta-feira	Sábado	Domingo
Barrinha matinal de amora, p. 39	Mingau com compota de ameixa, p. 40	Bagel com ovo mexido e salmão defumado, p. 44	Omelete de presunto defumado e tomate-cereja, p. 49
Brigadeiro de semente de linhaça e cacau, p. 61	Barrinha de damasco e nozes, p. 62	Vitamina tropical, p. 70	Vitamina de framboesa e coco, p. 68
Sopa italiana de tomate e feijão, p. 78	Salada de melancia, romã e queijo halloumi, p. 84	Legumes assados com queijo feta e cevada, p. 86	Sopa de couve com croûton de alho, p. 75
Florentina, p. 66	Figo com presunto cru, p. 58	Pipoca	Amêndoa coberta com cacau e canela, p. 60
Linguado e ostra picantes com salada de beterraba, p. 99	Cozido de linguiça, grão-de-bico e pimentão, p. 108	Linguado com legumes à provençal, p. 100	Abóbora e queijo de cabra assados, p. 92
Linguado e ostra picantes com salada de beterraba, p. 99	Frozen iogurte de frutas vermelhas, p. 112	Bolo de figo e nozes, p. 125	Pudim de damasco e coco, p. 116

Refeições	Segunda-feira	Terça-feira	Quarta-feira
Café da manhã	Quinoa assada com maçã e frutas vermelhas, p. 42	Ovo quente com aspargo, p. 46	Barrinha matinal de amora, p. 39
Lanche da manhã	5 damascos secos	Dip de feijão--roxinho, p. 54, com torrada de centeio	Amêndoa coberta com cacau e canela, p. 60
Almoço	Sopa picante de feijão e pimentão, p. 74	Salada de melancia, romã e queijo halloumi, p. 84	Sopa de beterraba e maçã, p. 72
Lanche da tarde	Homus de abacate, p. 52, com legumes crus	Florentina, p. 66	Pipoca
Jantar	Ensopado de peru com iogurte e romã, p. 109	Atum glaceado no mel com purê de mandioquinha, p. 103	Tagine de abóbora com quinoa e ervas, p. 96
Sobremesa	Torta de laranja, ruibarbo e gengibre, p. 122	Crumble de pera e amora, p. 117	Rocambole de morango e framboesa, p. 114

SEMANA 2

Quinta-feira	Sexta-feira	Sábado	Domingo
Pão de cereja, amêndoa e damasco, p. 43	Mingau com compota de ameixa, p. 40	Piperade com pastrami, p. 50	Fritada de salmão, endro e alho-poró, p. 48
Crisps de beterraba assada, p. 55	Brigadeiro de semente de linhaça e cacau, p. 61	Vitamina de framboesa e coco, p. 68	Barrinha de damasco e nozes, p. 62
Pimentão assado com tapenade, p. 82	Filé de sardinha com molho de beterraba, p. 80	Legumes assados com queijo feta e cevada, p. 86	Sopa de couve com feijão-branco, p. 76
Vitamina tropical, p. 70	Sushi de arroz integral e quinoa, p. 56	Barrinha de limão, pistache e tâmara, p. 64	Figo com presunto cru, p. 58
Salmão com cobertura de raiz-forte, p. 104	Canelone de frango com ervas e ricota, p. 106	Cozido cremoso de ostra com arroz e alga, p. 102	Risoto de cevada com alho-poró, ervilha e abóbora, p. 93
Trifle de maçã e amora, p. 118	Torta de pecã, p. 120	Potinho de chocolate com pimenta, p. 111	Frozen iogurte de frutas vermelhas, p. 112

RECEITAS QUE ENERGIZAM

VITAMINA DE SEMENTE DE LINHAÇA E ROMÃ

Rica em antioxidantes, fibras e ômega-3, essa vitamina é ideal quando você tem pouco tempo para preparar o café da manhã.

Preparo: 10 minutos
4 porções

3 colheres (sopa) de **semente de linhaça** moída
150 g de **morango congelado**
150 g de **damasco congelado** cortado em pedaços
sementes de 2 **romãs**
250 ml de **iogurte natural**
2 colheres (sopa) de **mel**

Bata todos os ingredientes no processador até ficar cremoso. Distribua entre quatro copos altos e sirva imediatamente.

GRANOLA COM GLACÊ DE MAPLE SYRUP E FRUTA

Para um café da manhã bem nutritivo, repleto de antioxidantes, ômega-3 e energia de liberação lenta.

Preparo: 10 minutos, mais o tempo para esfriar
Cozimento: 5-8 minutos
4 porções

2 colheres (sopa) de **azeite**
2 colheres (sopa) de **maple syrup**
40 g de **amêndoa em lâminas**
40 g de **pinhole**
25 g de **semente de girassol**
25 g de **flocos de aveia**
375 ml de **iogurte natural**, para servir

Para a salada de frutas
1 **manga** cortada em fatias
2 **kiwis** cortados em fatias
um punhado de **uva vermelha** sem semente cortada ao meio
raspas e suco de 1 **limão**

Aqueça o azeite em fogo médio em uma frigideira refratária. Adicione o maple syrup, a amêndoa, o pinhole, a semente e a aveia e mexa bem. Asse em forno preaquecido a 180°C por 5-8 minutos, mexendo uma vez, até dourar. Deixe esfriar.

Prepare a salada de frutas. Misture a manga, o kiwi, a uva, as raspas e o suco de limão em uma vasilha grande. Divida em quatro porções e finalize com o iogurte e a granola. Sirva imediatamente.

O restante da granola pode ser armazenado em um recipiente hermético por até 10 dias.

BARRINHA MATINAL DE AMORA

Essa barrinha saborosa, recheada com amora, rica em fibras e carboidratos de liberação lenta, vai deixar você bem-disposto o dia todo.

Preparo: 15 minutos
Cozimento: 50 minutos
16 unidades

125 g de **farinha de trigo integral fina**
100 g de **flocos de aveia**
125 g de **açúcar mascavo**
1 colher (chá) de **canela em pó**, mais um pouco para polvilhar
¼ de colher (chá) de **bicarbonato de sódio**
125 g de **manteiga** em temperatura ambiente

Recheio
300 g de **amora** descongelada
2 colheres (sopa) de **açúcar**
2 colheres (sopa) de **água**
raspas e suco de ½ **limão-siciliano**
1 colher (chá) de **canela em pó**

Coloque todos os ingredientes do recheio para ferver em uma panela grande em fogo médio. Abaixe o fogo e cozinhe por 10 minutos, mexendo até a amora se desmanchar; deve ficar com a aparência de um molho. Retire do fogo e reserve.

Junte a farinha, a aveia, o açúcar, a canela e o bicarbonato de sódio em uma vasilha média. Acrescente a manteiga e misture bem.

Unte e forre uma assadeira quadrada de 20 cm com metade da mistura de aveia. Asse em forno preaquecido a 180°C por 20 minutos.

Deixe a massa esfriar um pouco e espalhe o recheio de amora. Cubra com o restante da mistura de aveia e, com as mãos, pressione gentilmente para dentro do recheio.

Leve de volta ao forno por mais 20 minutos, até dourar. Deixe esfriar e corte em dezesseis barrinhas.

MINGAU COM COMPOTA DE AMEIXA

Um café da manhã saboroso que vai acelerar a digestão e aumentar a produção de energia. Se preferir, substitua a ameixa por figo seco.

Preparo: 5 minutos
Cozimento: cerca de 20 minutos
4 porções

1 litro de **leite**
500 ml de **água**
1 colher (chá) de **extrato de baunilha**
uma pitada de **canela em pó**
uma pitada de **sal**
200 g de **flocos de aveia**
3 colheres (sopa) de **amêndoa em lâminas** torrada

Para a compota
250 g de **ameixa seca**
125 ml de **suco de maçã**
1 **pau de canela** pequeno
1 **cravo-da-índia**
1 colher (sopa) de **mel**
1 **laranja** com casca e cortada em quatro

Prepare a compota. Ferva todos os ingredientes em uma panela pequena em fogo médio. Abaixe o fogo e cozinhe por 10-12 minutos, ou até a ameixa amolecer e ficar um pouco grudenta. Deixe esfriar. Refrigere até a hora de servir.

Coloque o leite, a água, a baunilha, a canela e o sal para ferver em uma panela grande em fogo médio. Acrescente a aveia e cozinhe em fogo baixo por 8-10 minutos, mexendo de vez em quando, até ficar cremoso. Divida o mingau entre quatro vasilhas, espalhe a amêndoa por cima e sirva com a compota de ameixa.

QUINOA ASSADA COM MAÇÃ E FRUTAS VERMELHAS

Rico em fibras e em nutrientes variados, esse café da manhã é ideal para equilibrar o açúcar no sangue e facilitar a digestão.

Preparo: 20 minutos
Cozimento: 1 hora
4 porções

175 g de **quinoa**
2 colheres (chá) de **canela em pó**
1 colher (chá) de **noz-moscada** ralada
¼ de colher (chá) de **cravo-da-índia em pó**
250 g de **frutas vermelhas congeladas** (mirtilo, amora e framboesa)
2 **maçãs** picadas
2 **ovos** grandes levemente batidos
475 ml de **leite**
60 ml de **maple syrup**
50 g de **nozes** picadas
50 g de **amêndoa** picada
iogurte natural, para servir

Misture a quinoa, a canela, a noz-moscada e o cravo em uma vasilha grande. Espalhe a mistura em uma assadeira quadrada de 20 cm previamente untada e, por cima, coloque as frutas vermelhas e as maçãs.

Bata os ovos com o leite e o maple syrup e despeje sobre as frutas vermelhas. Salpique com as nozes e amêndoas picadas.

Asse em forno preaquecido a 180°C por 1 hora, até a quinoa absorver todo o líquido. Sirva quente com iogurte.

PÃO DE CEREJA, AMÊNDOA E DAMASCO

Frutas secas e amêndoas contêm fibras e acrescentam energia a esse pão saboroso.

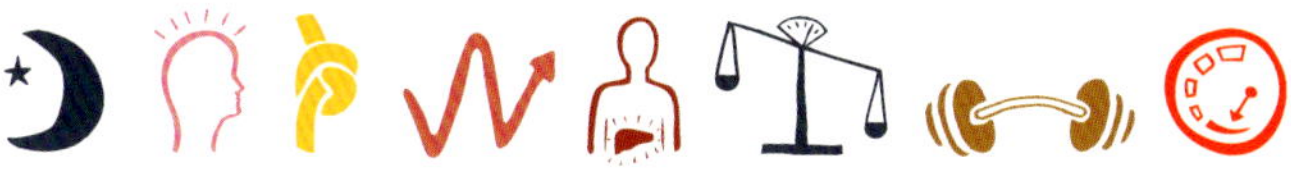

Preparo: 15 minutos, mais o tempo para descansar
Cozimento: 50 minutos
1 unidade grande

50 g de **flocos de aveia**
125 g de **cereja seca**
75 g de **damasco seco** picado
2 colheres (sopa) de **amêndoa** moída
300 ml de **leite**
75 g de **açúcar mascavo**
3 colheres (sopa) de **maple syrup**
1 **ovo** grande batido
250 g de **farinha de trigo integral fina**
2 colheres (chá) de **canela em pó**
1 colher (chá) de **fermento em pó**
50 g de **amêndoa** picada

Misture a aveia, a cereja, o damasco e a amêndoa moída em uma vasilha grande. Aqueça o leite em fogo médio, até amornar, e despeje-o sobre os ingredientes secos. Mexa bem e deixe descansar por 10 minutos.

Incorpore o açúcar, o maple syrup e o ovo.

Peneire a farinha, a canela e o fermento em outra vasilha, misture bem e adicione aos poucos à massa. Acrescente metade da amêndoa picada. Transfira para uma assadeira de pão grande previamente untada. Espalhe a amêndoa picada por cima.

Leve para assar em forno preaquecido a 180°C por 45 minutos, até dourar e crescer. Espete um palito no centro do pão; se sair seco, está pronto.

Retire da assadeira e sirva morno, frio ou tostado. Armazene o restante em um recipiente hermético por até 1 semana.

BAGEL COM OVO MEXIDO E SALMÃO DEFUMADO

Esse café da manhã é uma refeição completa e rica em proteínas para você começar o dia com muita energia.

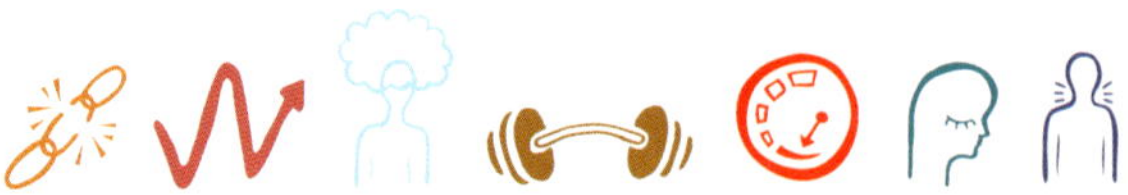

Preparo: 10 minutos
Cozimento: 12-15 minutos
4 unidades

4 **filés de salmão defumado** (cerca de 100 g cada)
8 **ovos**
100 ml de **leite**
1 colher (sopa) de **cerefólio** picado
1 colher (sopa) de **cebolinha-francesa**, mais um pouco para decorar
25 g de **manteiga**
4 **bagels integrais** cortados ao meio
75 g de **cream cheese**
raspas e suco de 1 **limão-siciliano**
sal e **pimenta-do-reino** moída na hora

Disponha os filés de salmão sobre uma assadeira forrada com papel-alumínio, recubra-os e leve ao forno preaquecido a 180°C por 12-15 minutos, ou até o peixe aquecer.

Bata os ovos com o leite, as ervas e tempere a gosto. Derreta a manteiga em fogo médio em uma frigideira antiaderente, espere espumar e coloque os ovos batidos. Reduza o fogo e mexa por 5-6 minutos, ou até os ovos começarem a endurecer.

Toste as metades dos bagels, espalhe o cream cheese, salpique com as raspas e regue com o suco de limão. Distribua o pão entre quatro pratos e cubra com o ovo mexido.

Complete com o salmão em lascas sobre os ovos. Feche o sanduíche e sirva imediatamente. Decore com a cebolinha e a pimenta-do-reino moída na hora.

OVO QUENTE COM ASPARGO

Simples e nutritiva, essa refeição matinal estimula o bom humor, aumenta a concentração, equilibra o açúcar no sangue e energiza.

Preparo: 5 minutos
Cozimento: 5 minutos
4 porções

400 g de **aspargo** aparado
8 **ovos**
uma pitada de **páprica**
sal e **pimenta-do-reino** moída na hora

Cozinhe o aspargo no vapor por 5 minutos, ou até ficar *al dente*.

Cozinhe os ovos por 4 minutos, mantendo as gemas meio moles. Retire da panela e transfira para copinhos próprios para ovos.

Quebre o topo dos ovos e tempere com um pouco de sal e páprica. Sirva imediatamente com o aspargo temperado com sal e pimenta-do-reino.

FRITADA DE SALMÃO, ENDRO E ALHO-PORÓ

A combinação de salmão com ovos no café da manhã é uma excelente maneira de começar um dia agitado.

Preparo: 10 minutos
Cozimento: 35 minutos
4 porções

2 **alhos-porós** grandes aparados e cortados em fatias finas
1 colher (sopa) de **azeite**
150 g de **salmão defumado** cortado em tiras
8 **ovos**
1 colher (chá) de **noz-moscada** ralada
4 colheres (sopa) de **endro** picado
sal e **pimenta-do-reino** moída na hora

Refogue o alho-poró no azeite por 10 minutos, até ficar macio. Unte uma fôrma refratária de 20-23 cm, espalhe o alho-poró e cubra com o salmão defumado.

Misture os ovos, a noz-moscada e o endro em uma vasilha, tempere a gosto e bata um pouco. Despeje sobre o salmão e o alho-poró e leve para assar em forno preaquecido a 190°C por 25 minutos, ou até dourar e firmar. Sirva quente ou frio.

OMELETE DE PRESUNTO DEFUMADO E TOMATE-CEREJA

Omelete é uma opção nutritiva, energética e aromática graças às ervas frescas.

Preparo: 10 minutos
Cozimento: cerca de 20 minutos
4 porções

4 **echalotas** cortadas em rodelas bem finas
4 colheres (chá) de **azeite**
8 **ovos**
2 colheres (sopa) de **ervas mistas** picadas (cebolinha-francesa, cerefólio, salsinha, manjericão e tomilho)
200 g de **tomate-cereja** cortado ao meio
150 g de **presunto defumado** cortado em fatias finas
sal e **pimenta-do-reino** moída na hora

Refogue a echalota em uma frigideira com azeite por 4-5 minutos, até ficar macia. Misture os ovos com as ervas, tempere a gosto e bata um pouco.

Retire três quartos da echalota com uma escumadeira e reserve. Despeje um quarto do ovo batido na frigideira e cubra com um quarto do tomate. Cozinhe, mexendo com cuidado, até o ovo ficar quase firme.

Espalhe um quarto do presunto e cozinhe mais um pouco. Dobre a omelete ao meio e transfira para o prato de servir preaquecido.

Repita com o restante dos ingredientes para preparar as outras três omeletes. Sirva imediatamente.

PIPERADE COM PASTRAMI

Uma combinação de pimentões e alho com pastrami e ovos, a piperade é um prato de origem basca, muito popular na França.

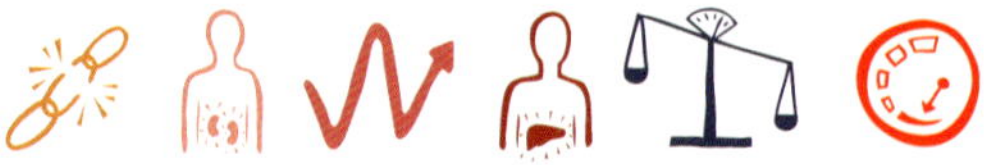

Preparo: 25 minutos
Cozimento: 30 minutos
4 porções

3 **pimentões** pequenos de cores diferentes
2 colheres (sopa) de **azeite**
1 **cebola** bem picada
500 g de **tomate** sem pele e sem sementes
2 **dentes de alho** amassados
4 **ovos** grandes
1 colher (chá) de **tomilho**, mais um pouco para decorar
125 g de **pastrami** cortado em fatias finas
sal e **pimenta-do-reino** moída na hora

Grelhe os pimentões no forno preaquecido por 10 minutos, virando-os para tostar por inteiro. Esfregue para tirar a casca e lave em água corrente. Abra os pimentões ao meio, retire as sementes e corte a polpa em tiras.

Aqueça metade do azeite em uma frigideira em fogo médio-baixo e refogue a cebola por 10 minutos. Cozinhe devagar, até ficar macia e transparente.

Pique o tomate e adicione ao refogado. Junte o alho e os pimentões e refogue em fogo baixo por 5 minutos, até apurar. Reserve.

Bata os ovos em uma vasilha com o tomilho, tempere a gosto e misture bem. Aqueça o restante do azeite em uma frigideira e frite por 5 minutos em fogo médio, mexendo levemente.

Junte os ovos mexidos aos pimentões refogados, aqueça novamente, se necessário, e distribua entre quatro pratos. Acrescente o pastrami, decore com um pouco de tomilho e sirva imediatamente.

HOMUS DE ABACATE

O grão-de-bico equilibra o nível de açúcar no sangue e aumenta a energia, enquanto o abacate alimenta, desintoxica e acalma.

Preparo: 10 minutos, mais o tempo para gelar
4 porções

1 **abacate** grande maduro
250 g de **grão-de-bico** cozido e escorrido
1 **dente de alho** amassado
raspas e suco de 2 **limões-sicilianos**
1 **pimenta vermelha** pequena sem sementes bem picada
1 colher (chá) de **cominho em pó**
sal
pão sírio integral e **legumes crus**, para servir

Bata os ingredientes no processador, até obter um creme. Transfira para uma tigela e leve à geladeira por pelo menos 1 hora. Sirva com pão sírio tostado e legumes crus.

DIP DE FEIJÃO-ROXINHO

Sirva esse dip ao estilo mexicano no lanche ou mesmo como acompanhamento do prato principal e garanta uma boa dose de energia.

Preparo: 15 minutos
Cozimento: 10 minutos
4 porções

1 **cebola** picada
1 colher (sopa) de **azeite**
1 **dente de alho** picado
1 **pimenta vermelha** pequena sem sementes bem picada
200 g de **tomate em conserva** picado
250 g de **feijão-roxinho** cozido e escorrido
raspas e suco de 1 **limão**
100 g de **cream cheese**
sal e **pimenta-do-reino** moída na hora
tortilhas de farinha integral tostadas, para servir

Refogue a cebola no azeite por 2-3 minutos, até começar a amolecer.

Acrescente o alho e a pimenta e refogue por 1 minuto. Adicione o tomate e o feijão e continue refogando por mais 3 minutos.

Bata o refogado no processador, juntando as raspas e o suco de limão, até obter um creme. Adicione o cream cheese e bata novamente.

Tempere a gosto, transfira para quatro tigelinhas e sirva, quente ou frio, com as tortilhas tostadas e cortadas em triângulo.

CRISPS DE BETERRABA ASSADA

Um lanche rico em cores, nutrientes, antioxidantes e fibras que beneficiam o sistema nervoso e o fígado e melhoram o humor.

Preparo: 10 minutos, mais o tempo para esfriar
Cozimento: 1 hora
4 porções

4 **beterrabas** cortadas em fatias bem finas
2 colheres (sopa) de **azeite**
sal e **pimenta-do-reino** moída na hora

Coloque a beterraba em uma vasilha com o azeite e 1 colher (chá) de sal. Misture bem. Forre o fundo de duas assadeiras com papel-manteiga e espalhe uma camada de beterraba.

Leve para assar em forno preaquecido a 140°C por 30 minutos. Agite as assadeiras para assar por igual.

Asse por mais 30 minutos, até a beterraba ficar seca e crocante. Salpique com um pouco mais de sal e uma boa quantidade de pimenta-do-reino moída na hora. Deixe esfriar.

SUSHI DE ARROZ INTEGRAL E QUINOA

Esse petisco saboroso melhora a atividade da tireoide, equilibra o açúcar no sangue e aumenta a energia. Congele as sobras dos grãos para o próximo preparo.

Preparo: 20 minutos, mais o tempo para esfriar
Cozimento: 30 minutos
4 porções

100 g de **arroz integral cateto**
100 g de **quinoa**
2 colheres (sopa) de **vinagre de arroz**
1 colher (sopa) de **vinagre de maçã**
2 colheres (sopa) de **açúcar**
½ colher (chá) de **sal**
azeite, para untar
4 folhas de **alga nori**
1 **cenoura** pequena ralada
½ **pepino** cortado à juliana
1 **abacate** grande cortado à juliana
1 colher (sopa) de **semente de gergelim torrada**
shoyu, para servir

Cozinhe o arroz integral e a quinoa em panelas separadas, com água fervente e um pouco de sal. Escorra e junte-os em uma vasilha.

Misture os vinagres, o açúcar e o sal em uma vasilha pequena. Despeje sobre o arroz e a quinoa quentes, mexa bem, tempere a gosto e deixe esfriar.

Unte um quadrado grande de filme de PVC e coloque uma folha de alga sobre ele. Espalhe um quarto do arroz na metade de baixo da folha e preencha a parte de cima com a cenoura, o pepino, o abacate e a semente de gergelim.

Levante a borda do filme e enrole, com um movimento contínuo, formando um rolinho. Se necessário, umedeça a borda da alga para selar.

Repita para fazer outros três rolos. Corte os rolinhos em seis partes com uma faca bem afiada. Refrigere até a hora de servir. Sirva os sushis com um potinho de shoyu.

FIGO COM PRESUNTO CRU

A mistura perfumada da fruta e do presunto cru é uma excelente opção de entrada, rica em fibras, que ajudam a digestão. Sirva sobre folhas de rúcula.

Preparo: 10 minutos
Cozimento: 10 minutos
4 porções

1 colher (sopa) de **mel**
1 colher (sopa) de **vinagre balsâmico**
1 colher (sopa) de **azeite**
4 **figos** aparados e cortados ao meio
2 fatias de **presunto cru**
sal e **pimenta-do-reino** moída na hora

Misture o mel, o vinagre e o azeite em uma vasilha pequena. Tempere a gosto. Pincele as metades de figo com esse molho. Corte as fatias de presunto em quatro tiras e enrole-as ao redor das metades de figo.

Transfira para uma assadeira forrada com papel-manteiga e asse em forno preaquecido a 180°C por 10 minutos, até o presunto começar a dourar.

Distribua o figo assado nos pratos, regue com o caldo do cozimento e sirva quente ou frio.

BARRINHA DE DAMASCO E NOZES

Faça a sua própria barrinha, rica em fibras, ômega-3 e ômega-6 e antioxidantes. Tem efeito calmante graças à aveia.

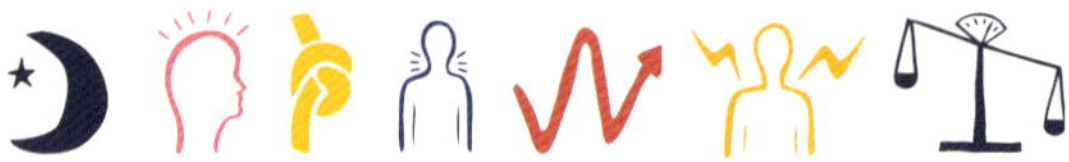

Preparo: 10 minutos
Cozimento: 20 minutos
16 unidades

150 g de **manteiga**
75 g de **mel**
75 g de **açúcar mascavo**
250 g de **flocos de aveia**
8 **damascos secos** picados
75 g de **nozes** picadas

Derreta a manteiga com o mel e o açúcar em uma panela em fogo médio. Acrescente a aveia, o damasco e as nozes e mexa bem.

Forre uma assadeira quadrada de 20 cm com papel-manteiga e espalhe a massa em uma camada uniforme. Asse em forno preaquecido a 180° C por 15 minutos, até dourar. Depois de esfriar, corte em quadradinhos e sirva.

BARRINHA DE LIMÃO, PISTACHE E TÂMARA

Esse é um lanche delicioso, rico em vitaminas do complexo B e fibras, para ajudar na digestão e equilibrar o açúcar no sangue.

Preparo: 10 minutos, mais o tempo para esfriar e gelar
Cozimento: 20 minutos
15-20 unidades

raspas de 1 **limão-siciliano**
75 g de **tâmara seca** picada
75 g de **pistache sem sal** picado
75 g de **amêndoa laminada** picada
125 g de **açúcar mascavo**
150 g de **flocos de milhete**
40 g de **flocos de aveia**
400 g de **leite condensado**
25 g de **sementes variadas**, como de abóbora e girassol

Coloque todos os ingredientes em uma vasilha grande e misture bem. Transfira para uma assadeira de 28 cm x 18 cm forrada com papel-manteiga e leve ao forno preaquecido a 180°C por 20 minutos.

Deixe esfriar na assadeira, corte em 15-20 quadradinhos e refrigere, até firmar.

FLORENTINA

Com frutas secas, ricas em ferro e fibras, e chocolate, que estimula o bom humor, esse biscoito é uma porção de puro prazer.

Preparo: 25 minutos, mais o tempo para esfriar e assentar
Cozimento: 25-30 minutos
48 unidades

150 g de **manteiga**
175 g de **açúcar**
4 colheres (sopa) de **creme de leite**
75 g de **frutas cristalizadas** picadas
50 g de **cereja seca** picada
50 g de **amêndoa laminada**
40 g de **cranberry seco**
25 g de **pinhole**
50 g de **farinha de trigo integral fina**
150 g de **chocolate amargo**
150 g de **chocolate branco**

Derreta a manteiga com o açúcar em uma panela em fogo baixo. Aumente a chama até levantar fervura e, imediatamente, retire do fogo e acrescente o creme de leite, as frutas cristalizadas, a cereja, a amêndoa, o cranberry, o pinhole e a farinha. Misture bem.

Forre duas assadeiras com papel-manteiga. Distribua metade da massa formando montinhos nas assadeiras com uma colher de chá, mantendo 5 cm de distância entre eles. Asse em forno preaquecido a 180°C por 7 minutos.

Corte os biscoitos com um cortador circular de 5 cm de diâmetro e leve de volta ao forno por mais 3-4 minutos, até dourar.

Deixe esfriar por 2 minutos nas assadeiras e transfira para uma bandeja forrada com papel-manteiga. Deixe esfriar completamente. Repita com o restante da massa.

Derreta os chocolates separadamente em banho-maria em fogo baixo. Decore os biscoitos com fios de chocolate e deixe assentar.

VITAMINA DE FRAMBOESA E COCO

Essa vitamina vai satisfazer até os loucos por doces. Leva coco, que estimula a tireoide e o fígado, e framboesa, que contém uma boa dose de fibras.

Preparo: 5 minutos
4 porções

800 ml de **leite de coco**
400 g de **framboesa congelada**
1 colher (chá) de **canela em pó**
1 colher (chá) de **extrato de baunilha**
3 colheres (sopa) de **maple syrup**

Bata os ingredientes no processador até obter um creme homogêneo. Acrescente um pouco de água, se achar necessário diluir um pouco. Sirva imediatamente.

VITAMINA TROPICAL

Uma delícia gelada, energética e refrescante que facilita a digestão e afasta a sensação de desânimo.

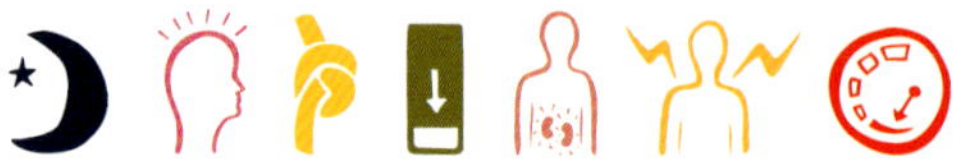

Preparo: 10 minutos, mais o tempo para congelar
4 porções

1 **banana** grande picada
1 **manga** grande, madura e picada
150 ml de **iogurte natural**
300 ml de **suco de abacaxi**
pedacinhos de **abacaxi**, para decorar (opcional)

Congele os pedaços de banana por pelo menos 2 horas ou por uma noite.

Bata a banana congelada, a manga, o iogurte e o suco de abacaxi no processador, até ficar cremoso. Sirva imediatamente e, se desejar, decore com pedacinhos de abacaxi.

SOPA DE BETERRABA E MAÇÃ

Essa sopa é leve, mas sacia, melhora a digestão e a função hepática e ainda contém nitratos que aumentam a oxigenação do sangue.

Preparo: 20 minutos
Cozimento: 40 minutos
4 porções

500 g de **beterraba** picada
2 colheres (sopa) de **azeite**
2 colheres (chá) de **tomilho seco**
2 colheres (chá) de **semente de cominho**
15 g de **manteiga**
1 **cebola** grande picada finamente
1 **maçã** grande picada
1,5 litro de **caldo de legumes**
sal e **pimenta-do-reino** moída na hora
coalhada, para servir

Misture a beterraba, o azeite, o tomilho e o cominho em uma vasilha grande e tempere a gosto. Transfira para uma assadeira e asse em forno preaquecido a 200°C por 30 minutos, até a beterraba ficar macia.

Derreta a manteiga em uma panela grande em fogo médio e refogue a cebola por 5 minutos, até ficar macia. Adicione a maçã e refogue por mais 5 minutos.

Acrescente a beterraba assada e o caldo de legumes, cozinhe em fogo alto por 10 minutos e deixe esfriar um pouco.

Bata a sopa no processador ou liquidificador até ficar cremosa. Tempere a gosto e aqueça de novo, se desejar. Sirva quente ou fria, com um pouco de coalhada por cima.

SOPA PICANTE DE FEIJÃO E PIMENTÃO

Rica em antioxidantes, fibras e vitaminas do complexo B, essa sopa é ideal para quem precisa se recuperar de um dia estafante.

Preparo: 20 minutos
Cozimento: 35 minutos
4 porções

2 colheres (sopa) de **óleo de girassol**
1 **cebola** grande bem picada
4 **dentes de alho** bem picados
2 **pimentões vermelhos** sem sementes cortados em cubinhos
2 **pimentas vermelhas** sem sementes bem picadas
900 ml de **caldo de legumes**
750 ml de **suco de tomate**
1 colher (sopa) de **extrato de tomate**
1 colher (sopa) de **pasta de tomate seco**
2 colheres (sopa) de **molho de pimenta-doce**
250 g de **feijão-roxinho** cozido e escorrido
2 colheres (sopa) de **coentro** bem picado
sal e **pimenta-do-reino** moída na hora

Para servir
75 ml de **creme azedo***
chips de tortilha
raspas finas de **limão**

* **Creme azedo:** creme de leite fresco com gotas de limão.

Aqueça o óleo em uma panela grande em fogo médio e refogue a cebola por 5 minutos, até ficar macia. Acrescente o alho, o pimentão e a pimenta e refogue por mais 3-4 minutos.

Adicione o caldo de legumes, o suco e o extrato de tomate, a pasta de tomate seco, o molho de pimenta, o feijão-roxinho e o coentro. Deixe levantar fervura, abaixe o fogo, tampe e cozinhe por 20 minutos. Reserve, até esfriar um pouco.

Bata a sopa no processador ou liquidificador até ficar cremosa. Leve de volta ao fogo, tempere a gosto e acrescente um pouco mais de molho de pimenta, se necessário.

Distribua a sopa entre quatro tigelinhas preaquecidas, regue com um fio de creme azedo. Sirva com chips de tortilha, polvilhando a sopa com raspas de limão.

SOPA DE COUVE COM CROÛTON DE ALHO

Uma refeição com poucas calorias, mas rica em nutrientes. Perfeita para períodos corridos e estressantes.

Preparo: 20-25 minutos
Cozimento: 50 minutos
4 porções

50 g de **manteiga**
1 **cebola** picada
2 **cenouras** cortadas em rodelas
300 g de **couve** sem os talos mais grossos
600 ml de **água**
400 ml de **caldo de legumes**
raspas e suco de 1 **limão-siciliano**
150 g de **batata** cortada em rodelas
uma pitada de **noz-moscada** ralada
sal e **pimenta-do-reino** moída na hora

Para servir
3-4 fatias de **pão integral** sem casca
2 **dentes de alho** cortados em fatias
3-4 colheres (sopa) de **azeite**
2 folhas de **couve** cortadas em tiras finas

Derreta a manteiga em uma panela em fogo médio e refogue a cebola por 5 minutos, até ficar macia. Acrescente a cenoura e a couve e refogue por mais 2 minutos.

Acrescente a água, o caldo, as raspas e o suco de limão, a batata e a noz-moscada. Tempere a gosto. Cozinhe em fogo alto até levantar fervura, mexendo de vez em quando. Tampe e cozinhe em fogo baixo por 35 minutos, até os legumes ficarem macios. Deixe esfriar um pouco.

Prepare os croûtons. Corte o pão em cubos de 1 cm. Refogue o alho por 1 minuto no azeite em fogo baixo. Adicione o pão e toste-o por igual, sem parar de mexer. Retire e seque no papel-toalha. Descarte o alho.

Coloque as tiras de couve na frigideira, sem parar de mexer, até ficarem crocantes. Seque em papel-toalha.

Bata a sopa no processador ou liquidificador até ficar cremosa, acrescentando um pouco de água, se necessário. Leve de volta ao fogo, sem deixar ferver. Sirva em quatro tigelas preaquecidas, com os croûtons de alho e a couve crocante.

SOPA DE COUVE COM FEIJÃO-BRANCO

O alecrim é um estimulante e perfuma essa sopa rica em fibras, indicada para qualquer época do ano.

Preparo: 10 minutos
Cozimento: 25-30 minutos
4 porções

1 **cebola** grande cortada em rodelas
2 colheres (sopa) de **azeite**
3 **dentes de alho** bem picados
500 g de **feijão-branco** cozido e escorrido
2 folhas de **louro**
1 colher (sopa) de **alecrim seco**
1 colher (chá) de **tomilho seco**
1 litro de **caldo de legumes**
200 g de **couve** picada grosseiramente
sal e **pimenta-do-reino** moída na hora
pão italiano integral, para servir

Refogue a cebola no azeite em uma panela em fogo médio por 5 minutos, até ficar macia. Acrescente o alho e refogue por mais 2 minutos.

Adicione dois terços do feijão, as folhas de louro, o alecrim, o tomilho e o caldo de legumes. Cozinhe em fogo alto até levantar fervura. Abaixe o fogo e cozinhe por mais 15 minutos. Deixe esfriar um pouco.

Bata a sopa no processador ou liquidificador até ficar cremosa. Coloque de volta na panela, tempere a gosto e acrescente o feijão reservado e a couve. Cozinhe por 4-5 minutos, até as folhas murcharem. Sirva imediatamente, com o pão italiano integral.

SOPA ITALIANA DE TOMATE E FEIJÃO

Rica em cromo e muito nutritiva, essa é uma boa opção para diminuir o desejo por guloseimas e estabilizar os níveis de açúcar no sangue.

Preparo: 10 minutos
Cozimento: 25-30 minutos
4 porções

1 colher (sopa) de **azeite**
1 **cebola** grande picada
4 **dentes de alho** picados grosseiramente
2 talos pequenos de **aipo** picados grosseiramente
1 **cenoura** cortada em cubos
400 g de **tomate-cereja**
8 **tomates secos** (não em óleo) picados
250 g de **feijões mistos** cozidos e escorridos (branco, roxinho e rajado)
1 colher (sopa) de **orégano** picado
750 ml de **caldo de legumes**
sal e **pimenta-do-reino** moída na hora

Para servir
4 colheres (sopa) de **ricota**
pesto
baguete italiana

Aqueça o azeite e refogue a cebola com o alho, o aipo e a cenoura. Tampe sem vedar e cozinhe por 7-8 minutos, mexendo de vez em quando, até dourar levemente.

Adicione os tomates, os feijões, o orégano e o caldo de legumes e aumente o fogo até levantar fervura. Reduza para fogo baixo e cozinhe por 15-20 minutos, até os legumes ficarem macios.

Bata a sopa no processador ou liquidificador até ficar cremosa. Tempere a gosto e distribua em quatro tigelas aquecidas. Finalize com uma colher de ricota e um fio de pesto. Sirva com a baguete.

CALDO DE CARNE E CEVADA

A cevada dá uma textura agradável a esse caldo, ideal para uma refeição saborosa e rica em fibras e vitaminas do complexo B.

Preparo: 10 minutos
Cozimento: 2 horas
4 porções

25 g de **manteiga**
250 g de **coxão mole** cortado em cubos
1 **cebola** grande bem picada
200 g de **nabo redondo** cortado em cubos
150 g de **cenoura** cortada em cubos
100 g de **cevada perolada**
2 litros de **caldo de carne**
2 colheres (chá) de **mostarda em pó** (opcional)
sal e **pimenta-do-reino** moída na hora
salsinha picada, para decorar

Aqueça a manteiga em uma panela em fogo médio e refogue a carne com a cebola por 5 minutos, até dourar.

Adicione os legumes cortados, a cevada, o caldo e a mostarda. Tempere a gosto e cozinhe em fogo alto até levantar fervura. Abaixe o fogo, tampe e cozinhe por 1h45, mexendo de vez em quando, até a carne e os legumes ficarem macios.

Distribua o caldo em quatro tigelas preaquecidas e decore com um pouco de salsinha picada.

FILÉ DE SARDINHA COM MOLHO DE BETERRABA

O peixe é a melhor forma de incluir ômega-3 e ômega-6 na dieta e ainda uma boa combinação com as fibras da beterraba.

Preparo: 15 minutos
Cozimento: 2-3 minutos
4 porções

2 colheres (sopa) de **salsinha** picada
raspas de 1 **limão-siciliano**
2 colheres (chá) de **suco de limão-siciliano**
1 colher (chá) de **pasta de harissa***
2 **dentes de alho** bem picados
1 colher (sopa) de **azeite**
8-12 **sardinhas** abertas
2 colheres (sopa) de **endro** picado
sal e **pimenta-do-reino** moída na hora
ciabatta tostada, para servir

Para o molho
350 g de **beterraba** cozida cortada em cubos
½ **cebola** bem picada
1 colher (sopa) de **vinagre de xerez**
2 colheres (sopa) de **alcaparra** enxaguada e escorrida

* **Harissa:** mistura de especiarias à venda em lojas especializadas.

Misture a salsinha, as raspas e o suco de limão, a pasta de harissa, o alho e o azeite em uma vasilha. Tempere a gosto e espalhe sobre as sardinhas.

Misture os ingredientes do molho de beterraba em outra vasilha e tempere a gosto.

Transfira as sardinhas para uma assadeira forrada com papel-alumínio e grelhe no forno preaquecido por 2-3 minutos, virando uma vez, até ficarem bem cozidas.

Monte os pratos com as sardinhas e o molho de beterraba. Finalize com o endro picado e sirva com a ciabatta tostada.

PIMENTÃO ASSADO COM TAPENADE

O pimentão é rico em antioxidantes, que melhoram a imunidade e ativam a energia. Em parceria com a azeitona, é um ótimo reforço contra o desânimo.

Preparo: 15 minutos
Cozimento: 45 minutos
4 porções

4 **pimentões vermelhos** cortados ao meio sem sementes
3 colheres (sopa) de **azeite**
100 g de **azeitona preta** sem caroço
2 **dentes de alho** grosseiramente picados
1 colher (sopa) de **orégano**
4 colheres (sopa) de **pasta de tomate seco**
250 g de **tofu**
200 g de **tomate-cereja** cortado ao meio
sal e **pimenta-do-reino** moída na hora
salsinha picada, para servir

Coloque os pimentões com o corte para baixo em uma assadeira, regue com 1 colher (sopa) de azeite e tempere a gosto. Asse em forno preaquecido a 200°C por 25-30 minutos, até tostar ligeiramente.

Prepare o patê. Bata o restante do azeite, a azeitona, o alho, o orégano e a pasta de tomate seco no processador, até obter uma pasta consistente.

Seque o tofu com papel-toalha e corte-o em cubos de 1 cm. Acrescente-o ao patê. Recheie os pimentões com a pasta e o tomate-cereja e leve de volta ao forno por mais 15 minutos, até o tomate amolecer e o recheio aquecer. Salpique com a salsinha e sirva.

FRANGO DEFUMADO COM VAGEM E NOZES

Essa refeição aromática estimula o sono e alivia a ansiedade, além de equilibrar os hormônios e o açúcar no sangue.

Preparo: 15 minutos
Cozimento: 3-4 minutos
4 porções

200 g de **vagem** aparada
1 **abacate** maduro
1 colher (sopa) de **suco de limão-siciliano**
175 g de **folhas mistas de salada**
300 g de **peito de frango defumado** grosseiramente picado
1 **pimentão amarelo** sem sementes picado
50 g de **nozes**
1 **echalota** bem picada
2 colheres (chá) de **estragão**
4 colheres (chá) de **azeite extravirgem**
sal e **pimenta-do-reino** moída na hora

Para servir
limão-siciliano cortado em gomos
pão integral

Cozinhe a vagem em água fervente com um pouco de sal por 3-4 minutos, até ficar *al dente*. Escorra e esfrie em água corrente.

Corte o abacate em cubos e adicione o suco de limão para evitar que escureça. Misture cuidadosamente o abacate com as folhas verdes, o frango, o pimentão, as nozes e a vagem cozida.

Divida em quatro porções e cubra com a echalota e o estragão. Tempere a gosto e regue com o azeite. Sirva imediatamente com os gomos de limão e pão integral.

SALADA DE MELANCIA, ROMÃ E QUEIJO HALLOUMI

A combinação de sabores exóticos e nutrientes faz dessa salada um prato leve, que aumenta a imunidade e a energia.

Preparo: 15 minutos
Cozimento: 4 minutos
4 porções

200 g de **queijo halloumi** cortado em oito fatias
raspas e suco de 1 **limão**
2 **cebolinhas** picadas
2 colheres (sopa) de **salsinha** picada
2 colheres (sopa) de **hortelã** picada
1 colher (sopa) de **óleo de girassol**
150 g de **rúcula**
½ **melancia** sem sementes cortada em cubos
½ **cebola roxa** pequena bem picada
100 g de **azeitona verde recheada com amêndoa**
1 colher (sopa) de **melaço de romã**
1-2 colheres (chá) de **pasta de pimenta**
sementes de 1 **romã**
sal e **pimenta-do-reino** moída na hora

Coloque o queijo, as raspas de limão, a cebolinha e metade das ervas em uma vasilha e regue com um pouco de óleo. Misture com cuidado e transfira para uma assadeira forrada com papel-alumínio. Grelhe em forno preaquecido por 3-4 minutos, virando uma vez, até dourar levemente.

Distribua a rúcula em quatro pratos. Junte a melancia, a cebola, a azeitona e o restante da salsinha e da hortelã em uma vasilha. Mexa bem e disponha sobre as folhas de rúcula.

Misture o suco de limão, o melaço de romã, o restante do óleo e a pasta de pimenta em outra vasilha e tempere a gosto.

Acomode o queijo grelhado sobre a salada e cubra com as sementes de romã. Regue com o molho e sirva imediatamente.

LEGUMES ASSADOS COM QUEIJO FETA E CEVADA

Para ser consumido frio ou quente, como acompanhamento ou refeição principal, esse prato combina antioxidantes e fibras.

Preparo: 20 minutos
Cozimento: 40 minutos
4 porções

1 **pimentão vermelho** sem sementes cortado em pedaços grandes
1 **pimentão amarelo** sem sementes cortado em pedaços grandes
1 **cebola** grande cortada em pedaços grandes
1 **abobrinha** grande cortada em pedaços grandes
1 **berinjela** pequena cortada em pedaços grandes
3 **dentes de alho** grandes picados
175 ml de **azeite**
2 colheres (chá) de **sal**
2 colheres (chá) de **pimenta-do-reino** moída na hora
200 g de **cevada**
raspas e suco de 1 **limão-siciliano**
um maço grande de **cebolinha-francesa** picada finamente
1 **pimenta vermelha** sem sementes picada
100 g de **pinhole** torrado
300 g de **queijo feta** cortado em cubos grandes
um maço pequeno de **manjericão** picado

Coloque os pimentões, a cebola, a abobrinha, a berinjela e o alho em uma assadeira e tempere com metade do azeite, do sal e da pimenta-do-reino. Asse em forno preaquecido a 220°C por 30-40 minutos, mexendo de vez em quando, até os legumes começarem a ficar macios.

Cozinhe a cevada em água fervente com um pouco de sal. Escorra, enxágue e reserve em uma saladeira grande.

Prepare o molho com o restante do azeite, do sal e da pimenta-do-reino, as raspas e o suco de limão, a cebolinha e a pimenta vermelha. Reserve.

Acrescente os legumes e o caldo do cozimento à cevada. Regue com o molho e misture bem. Adicione o pinhole, o queijo feta e o manjericão, misture novamente e sirva.

SALADA DE BETERRABA E LARANJA

As cores vivas dessa salada fresca sinalizam a quantidade de antioxidantes que contém, para aumentar a imunidade e melhorar a saúde em geral.

Preparo: 15 minutos
Cozimento: 30 minutos
4 porções

12 **beterrabas** pequenas com casca
2 colheres (chá) de **semente de cominho**
2 colheres (sopa) de **vinagre de vinho tinto**
100 g de **agrião**
3 **laranjas** cortadas em gomos
100 g de **queijo de cabra macio**
sal e **pimenta-do-reino** moída na hora

Para o molho
1 colher (sopa) de **mel**
1 colher (chá) de **mostarda extraforte**
1½ colher (sopa) de **vinagre de vinho branco**
3 colheres (sopa) de **azeite**

Lave a beterraba e coloque-a em uma assadeira forrada com papel-alumínio, juntando a semente de cominho e o vinagre. Asse em forno preaquecido a 190°C por 30 minutos, até ficar macia. Deixe esfriar, retire a casca e corte a beterraba ao meio ou em quatro, dependendo do tamanho.

Junte os ingredientes do molho em uma vasilha, misture e tempere a gosto.

Misture a beterraba com o molho e o agrião. Disponha os gomos de laranja em uma travessa, cubra com a salada de beterraba e espalhe o queijo por cima. Tempere com pimenta-do-reino moída na hora e sirva.

HAMBÚRGUER DE PERU COM MOLHO PICANTE

Um hambúrguer diferente, servido com molho picante, vai acelerar o metabolismo e proteger contra os efeitos do estresse.

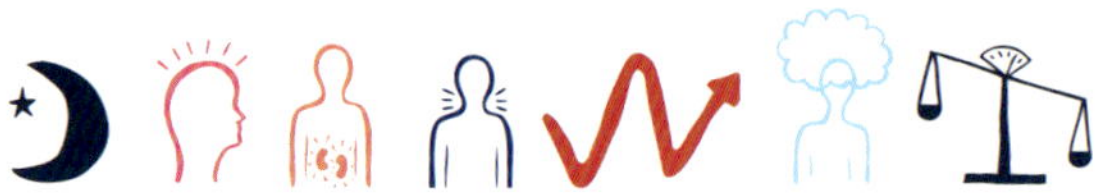

Preparo: 15 minutos
Cozimento: 10 minutos
4 porções

500 g de **carne magra de peru** moída
raspas finas de 1 **limão**
3 **cebolinhas** picadas finamente
1 colher (sopa) de **molho de soja**
1 colher (chá) de **cominho em pó**
100 g de **farelo de pão**
1 **ovo** pequeno levemente batido
4 **pães integrais de hambúrguer** cortados ao meio e tostados
2 folhas de **alface-romana** cortadas em tiras

Para o molho
250 g de **tomate-cereja** cortado em quatro
1 **pimenta vermelha** sem sementes bem picada
2 **cebolinhas** picadas finamente
1 colher (sopa) de **suco de limão**
1 colher (sopa) de **molho de soja**
um maço pequeno de **coentro fresco** picado
1 **abacate** maduro cortado em cubos

Misture o peru com as raspas de limão, a cebolinha, o molho de soja, o cominho, o farelo de pão e o ovo. Molde oito hambúrgueres com as mãos umedecidas.

Grelhe os hambúrgueres em uma frigideira canelada por 3-4 minutos de cada lado, até dourar ou até a carne ficar completamente cozida.

Junte os ingredientes do molho em uma vasilha, misture e reserve.

Coloque as metades dos pães com o lado cortado para cima em quatro pratos e cubra com a alface picada. Disponha um hambúrguer sobre a alface e finalize com o molho. Sirva imediatamente.

ABÓBORA E QUEIJO DE CABRA ASSADOS

A abóbora é rica em substâncias que aumentam a imunidade, aliviam a dor e equilibram o açúcar no sangue.

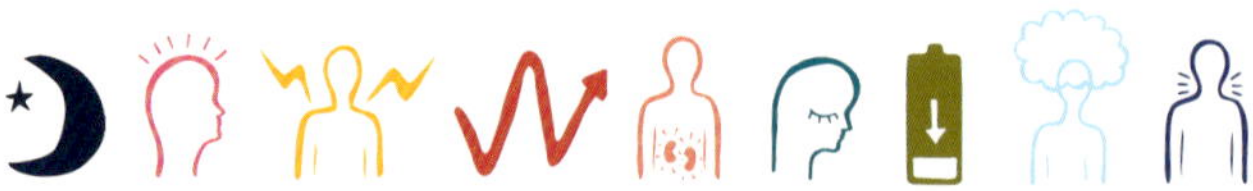

Preparo: 15 minutos
Cozimento: 25-30 minutos
4 porções

400 g de **beterraba** cortada em cubos
625 g de **abóbora** sem sementes cortada em cubos médios
1 **cebola** cortada em rodelas
2 colheres (sopa) de **azeite**
2 colheres (chá) de **semente de erva-doce**
200 g de **queijo de cabra**
sal e **pimenta-do-reino** moída na hora
alecrim picado, para decorar

Espalhe a beterraba, a abóbora e a cebola em uma assadeira grande. Regue com o azeite e cubra com a semente de erva-doce. Tempere a gosto e asse em forno preaquecido a 200°C por 20-25 minutos, virando uma vez, até os legumes ficarem macios.

Corte o queijo de cabra em pedaços e distribua-os entre os legumes assados. Tempere e cubra com um pouco do suco da cocção.

Leve a assadeira de volta ao forno por mais 5 minutos, até o queijo começar a derreter. Salpique com o alecrim e sirva imediatamente.

RISOTO DE CEVADA COM ALHO-PORÓ, ERVILHA E ABÓBORA

Rico em fibras, vitaminas do complexo B e antioxidantes, esse risoto vai prepará-lo para uma boa noite de sono.

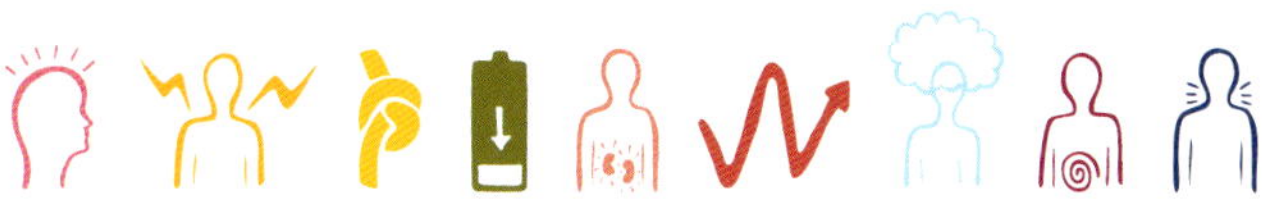

Preparo: 10 minutos
Cozimento: 35-40 minutos
4 porções

100 g de **toucinho fresco** sem couro e picado
1 **alho-poró** grande aparado e cortado em fatias finas
1 colher (sopa) de **tomilho seco**
250 g de **cevada**
475 ml de **caldo de galinha** quente
1 **abóbora-cheirosa** pequena sem sementes cortada em cubos
100 g de **ervilha** congelada
50 g de **parmesão** ralado na hora
sal e **pimenta-do-reino** moída na hora
2 colheres (sopa) de **tomilho fresco** picado, para decorar

Frite o toucinho na própria gordura em uma panela em fogo médio, até ficar crocante. Acrescente o alho-poró e o tomilho e refogue por 3-5 minutos, até começar a murchar.

Adicione a cevada e mexa bem. Regue com o caldo quente. Após levantar fervura, junte a abóbora. Transfira para um refratário e cubra com papel-alumínio. Asse em forno preaquecido a 220° C por 15 minutos.

Retire o papel-alumínio e junte a ervilha. Cubra de novo e asse por mais 10-15 minutos, até apurar e a cevada ficar macia. Salpique com o parmesão, tempere a gosto e decore com o tomilho. Sirva imediatamente.

MACARRÃO COM GRÃO-DE-BICO E AMÊNDOA

Uma combinação criativa entre a amêndoa, rica em cálcio, e o grão-de-bico, bom para a digestão e para recarregar a energia.

Preparo: 10 minutos
Cozimento: 15 minutos
4 porções

3 **dentes de alho** picados
1 colher (sopa) de **azeite**
1,5 litro de **caldo de legumes**
1 **pimenta vermelha** grande sem sementes bem picada
500 g de **espaguete** integral
250 g de **grão-de-bico** cozido e escorrido
50 g de **parmesão** ralado na hora
sal e **pimenta-do-reino** moída na hora
75 g de **amêndoa** torrada e picada, para servir

Refogue o alho no azeite em uma panela em fogo médio por 1-2 minutos, até amolecer. Acrescente o caldo de legumes e a pimenta e deixe levantar fervura.

Adicione o macarrão e cozinhe com a panela destampada até ficar *al dente*. Durante o cozimento, grande parte do caldo será absorvida.

Junte o grão-de-bico e mantenha no fogo até aquecê-lo. Tempere a gosto, acrescente o parmesão e decore com a amêndoa. Sirva imediatamente.

TAGINE DE ABÓBORA COM QUINOA E ERVAS

Esse é um verdadeiro banquete vegetariano, rico em proteínas, antioxidantes, ervas purificadoras e especiarias aromáticas.

Preparo: 15 minutos
Cozimento: 45 minutos-1 hora
4 porções

2 **cebolas** grandes bem picadas
2 colheres (sopa) de **azeite**
2 colheres (chá) de **cominho em pó**
2 colheres (chá) de **coentro em pó**
2 colheres (chá) de **canela em pó**
3 **dentes de alho** fatiados
3 colheres (sopa) de **pasta de harissa**
1 **abóbora-cheirosa** grande sem sementes cortada em cubos grandes
4 **cenouras** cortadas em cubos grandes
2 talos pequenos de **aipo** cortados em fatias
75 g de **damasco seco**
600 ml de **caldo de legumes**
250 g de **grão-de-bico** cozido e escorrido
25 g de **salsinha** picada
sal e **pimenta-do-reino** moída na hora
25 g de **coentro** picado, para servir

Para a quinoa
250 g de **quinoa**
sal
1 tablete de **caldo de legumes**
25 g de **salsinha** picada
25 g de **hortelã** picada
25 g de **coentro fresco** picado
50 g de **pinhole** torrado
sementes de 1 **romã** grande

Refogue a cebola em uma panela com azeite por 5-10 minutos. Coloque as especiarias e o alho e refogue por mais 3-4 minutos, até ficar aromático.

Adicione a pasta de harissa e mantenha no fogo por 3 minutos, mexendo sem parar. Junte a abóbora, a cenoura e o aipo e continue refogando por mais 5 minutos.

Acrescente o damasco e o caldo de legumes e deixe levantar fervura. Abaixe o fogo, tampe a panela e cozinhe por 20 minutos. Junte o grão-de-bico, tampe de novo e cozinhe por mais 10 minutos, até os legumes ficarem macios.

Cozinhe a quinoa em água fervente com um pouco de sal e o tablete de caldo de legumes. Escorra, mas não enxágue a quinoa cozida. Adicione as ervas e o pinhole e reserve, mantendo aquecida.

Salpique a tagine com a salsinha, tempere a gosto e finalize com o coentro fresco. Sirva com a quinoa salpicada com sementes de romã.

LINGUADO COM MOSTARDA E FOLHA DE CURRY

Um curry aromático rico em quatro superalimentos - peixe, cebola, pimenta e coco - recomendados para combater a fadiga.

Preparo: 20 minutos
Cozimento: 25-30 minutos
4 porções

1 colher (chá) de **cúrcuma em pó**
1 colher (sopa) de **pimenta vermelha em pó**
2 colheres (sopa) de **coco fresco** ralado
4 colheres (sopa) de **óleo**
1 colher (chá) de **semente de mostarda-preta**
20 folhas de **curry fresco**
2 **cebolas** fatiadas finamente
4 **pimentas verdes** sem sementes cortadas em fatias
2,5 cm de **gengibre** cortado em palito
6 **dentes de alho** bem picados
1 kg de **filé de linguado** sem pele cortado em pedacinhos
400 ml de **leite de coco**
300 ml de **água**
1 colher (sopa) de **pasta de tamarindo**
sal
arroz basmati cozido no vapor, para servir

Misture a cúrcuma com a pimenta em pó e o coco ralado em uma vasilha e reserve.

Aqueça o óleo no wok ou panela de fundo grosso em fogo médio e frite a semente de mostarda até começar a pipocar. Adicione as folhas de curry, a cebola, a pimenta verde, o gengibre e o alho e refogue por 5 minutos, até ficar aromático.

Acrescente a mistura de cúrcuma e refogue por mais 1 minuto. Junte o peixe, o leite de coco e a água. Incorpore a pasta de tamarindo e deixe levantar fervura.

Reduza a chama e cozinhe em fogo brando por 15 minutos, até o peixe ficar cozido. Tempere a gosto e distribua entre quatro tigelas preaquecidas. Sirva com o arroz basmati.

LINGUADO E OSTRA PICANTES COM SALADA DE BETERRABA

Peixe e ostra, ricos em nutrientes, não só aumentam a produção de energia como estimulam o fígado e as glândulas suprarrenais.

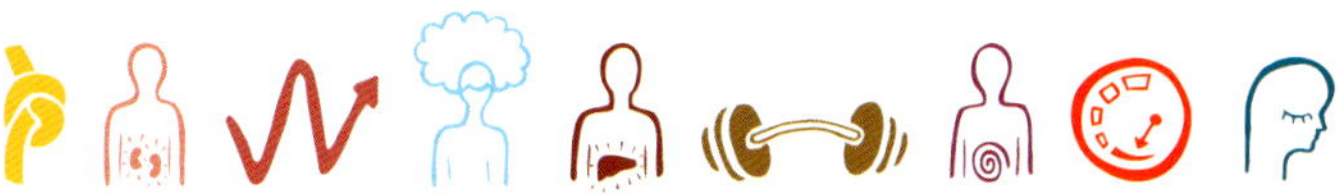

Preparo: 25 minutos, mais o tempo para marinar
Cozimento: 1h15
6 porções

½ colher (chá) de **cominho em pó**
½ colher (chá) de **coentro em pó**
½ colher (chá) de **páprica**
½ colher (chá) de **pimenta-de-caiena**
½ colher (chá) de **sal**
½ colher (chá) de **garam masala***
1 colher (sopa) de **farinha de trigo integral fina**
4 **filés de linguado** (150 g cada) sem pele
2 colheres (sopa) de **azeite**
12-16 **ostras** sem as conchas
sal e **pimenta-do-reino** moída na hora

Para a salada
625 g de **beterraba** com casca
1 colher (sopa) de **tomilho fresco** picado
6 **dentes de alho** picados
6 colheres (sopa) de **azeite**
3 colheres (chá) de **semente de cominho** torrada
raspas e suco de 1 **limão-siciliano**
100 ml de **coalhada**
2 colheres (sopa) de **coentro fresco** picado

* **Garam masala:** mistura de especiarias à venda em lojas especializadas.

Misture as especiarias com o sal, o garam masala e a farinha em uma vasilha. Seque delicadamente o linguado e as ostras em papel-toalha e empane-os com a farinha temperada. Cubra e deixe marinar na geladeira por 1 hora.

Coloque as beterrabas inteiras em uma assadeira. Salpique com o tomilho e o alho, regue com metade do azeite e cubra com papel-alumínio. Asse em forno preaquecido a 180°C por 1 hora, até a beterraba ficar macia. Deixe esfriar um pouco, descasque e corte em pedaços grandes. Junte as sementes de cominho, o restante do azeite, as raspas e o suco de limão em uma vasilha e tempere a gosto. Regue a beterraba com esse molho e misture bem. Transfira a coalhada para uma vasilha com o coentro, tempere a gosto e acrescente à beterraba.

Aqueça o azeite em uma frigideira em fogo alto e frite o peixe por 6 minutos, até dourar. Vire o filé com cuidado e frite o outro lado.

Reduza para fogo médio, acrescente as ostras e frite por mais 4 minutos, até o peixe e as ostras ficarem bem cozidos. Espete um garfo no peixe; se soltar lascas facilmente, está pronto. Sirva com a salada de beterraba.

LINGUADO COM LEGUMES À PROVENÇAL

Os peixes são alimentos energéticos, que afastam o desânimo e a fadiga. Sirva com legumes, que são ricos em fibras.

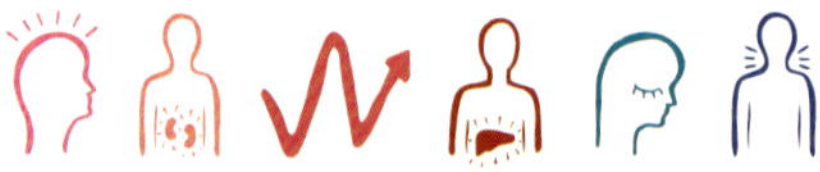

Preparo: 15 minutos
Cozimento: 45-50 minutos
4 porções

2 **abobrinhas** cortadas em fatias
1 **berinjela** cortada em fatias
4 **tomates** cortados em quatro
1 **cebola** cortada em rodelas grossas
1 **pimentão vermelho** grande sem sementes cortado em fatias
3 **dentes de alho** cortados em fatias
1 maço pequeno de **manjericão** picado, mais um pouco para decorar
1 colher (sopa) de **tomilho fresco** picado
3 colheres (sopa) de **salsinha** picada
3 colheres (sopa) de **azeite**
3 colheres (sopa) de **farinha de trigo**
4 **filés de linguado** (150 g cada)
sal e **pimenta-do-reino** moída na hora

Coloque os legumes e as ervas em uma assadeira grande e tempere a gosto. Regue com metade do azeite, misture bem e asse em forno preaquecido a 180°C por 40-45 minutos, até ficarem macios.

Tempere a farinha a gosto e empane os filés de peixe. Aqueça o azeite restante em uma frigideira antiaderente em fogo médio e frite o peixe com a pele para baixo por 2-3 minutos.

Vire os filés e frite por mais 2-3 minutos. Espete um garfo no peixe e, se soltar lascas facilmente, está pronto.

Distribua os legumes entre quatro pratos e acomode o linguado sobre eles. Decore com folhas de manjericão cortadas em tiras finas. Sirva imediatamente.

COZIDO CREMOSO DE OSTRA COM ARROZ E ALGA

Para dar água na boca e fornecer uma variedade de nutrientes que estabilizam o açúcar no sangue e favorecem a tireoide.

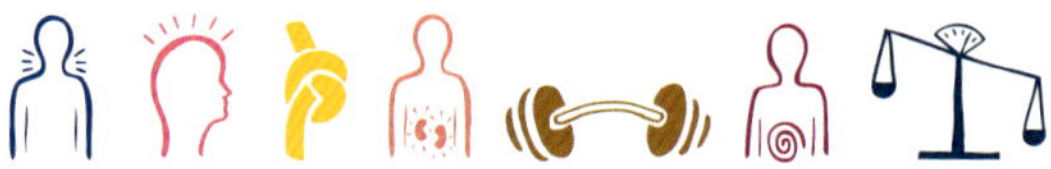

Preparo: 20 minutos
Cozimento: 20 minutos
4 porções

75 g de **manteiga**
4 talos pequenos de **aipo** picados
8 **echalotas** picadas
1 **dente de alho** bem picado
1 colher (sopa) de **páprica**
150 ml de **creme de leite light**
300 ml de **leite**
24 **ostras** sem as conchas
sal e **pimenta-do-reino** moída na hora
2 colheres (sopa) de **salsinha** picada, para decorar

Para o arroz
250 g de **arroz integral**
sal
2 colheres (sopa) de **azeite**
1 **cebola** pequena bem picada
1 **cenoura** picada finamente
3 **dentes de alho** bem picados
1 colher (chá) de **tomilho seco**
100 g de **alga kelp seca,** reidratada, escorrida e picada
1 colher (sopa) de **pimenta-de-caiena**

Cozinhe o arroz em água fervente com um pouco de sal.

Aqueça o azeite em uma panela de fundo grosso em fogo médio e refogue a cebola, a cenoura e o alho por 7 minutos. Acrescente o tomilho e a alga e refogue por mais 2 minutos.

Derreta a manteiga em uma panela grande em fogo médio e refogue o aipo e a echalota por 5-7 minutos, até ficarem macios. Adicione o alho e a páprica e refogue por mais 2 minutos.

Junte o creme de leite e o leite, misture bem e deixe levantar fervura. Reduza o fogo, acrescente a ostra e seu suco e cozinhe em fogo baixo, até começar a borbulhar. Tempere a gosto.

Escorra e enxágue o arroz. Misture-o com os vegetais e a alga. Tempere a gosto e acrescente a pimenta-de-caiena.

Distribua o arroz entre quatro pratos, cubra com o cozido e decore com a salsinha. Sirva imediatamente.

ATUM GLACEADO NO MEL COM PURÊ DE MANDIOQUINHA

Uma opção sofisticada e saborosa para estimular o bom humor e aumentar a energia.

Preparo: 15 minutos
Cozimento: 25 minutos
4 porções

1 colher (sopa) de **mel**
2 colheres (sopa) de **mostarda extraforte**
1 colher (chá) de **extrato de tomate**
2 colheres (sopa) de **suco de laranja**
1 colher (sopa) de **vinagre de vinho tinto**
4 **postas de atum** (150 g cada)
2 colheres (chá) de **azeite**
sal e **pimenta-do-reino** moída na hora
legumes cozidos no vapor, para servir

Para o purê
2 **mandioquinhas** cortadas em pedaços
2 **batatas** cortadas em pedaços
50 ml de **iogurte natural**
2 colheres (chá) de **molho de raiz-forte** (opcional)

Coloque o mel, a mostarda, o extrato de tomate, o suco de laranja e o vinagre para ferver em uma panela em fogo médio. Abaixe o fogo e deixe o molho apurar, até a consistência de um xarope. Conserve quente.

Prepare o purê. Cozinhe a mandioquinha e a batata no vapor, até ficarem macias. Escorra e bata no processador com o iogurte e o molho de raiz-forte. Tempere a gosto e bata novamente, até ficar cremoso. Conserve quente.

Pincele o peixe com o azeite e tempere a gosto. Grelhe em uma frigideira canelada preaquecida ou na grelha do forno por 1-2 minutos, até dourar. Vire o peixe e regue-o com um pouco do molho. Grelhe por mais 1-2 minutos, até dourar por fora; por dentro, a carne deve se manter rosada.

Monte os quatro pratos com uma posta de atum sobre uma base de purê de mandioquinha. Regue com o molho restante e sirva com os legumes.

SALMÃO COM COBERTURA DE RAIZ-FORTE

O salmão ajuda a aliviar a dor, controlar o peso, fortalecer a imunidade, aumentar a energia e estimular as suprarrenais.

Preparo: 10 minutos
Cozimento: 15 minutos
4 porções

4 **filés de salmão** (200 g cada)
4 colheres (sopa) de **molho de raiz-forte**
125 g de **farelo de pão**
20 **aspargos** aparados
1 colher (sopa) de **azeite**
4-5 colheres (sopa) de **coalhada**
4 colheres (sopa) de **suco de limão-siciliano**
1 colher (sopa) de **salsinha** picada, mais alguns raminhos para decorar
sal e **pimenta-do-reino** moída na hora

Acomode os filés de salmão em um refratário com a pele para baixo. Cubra cada filé com 1 colher (sopa) de molho de raiz-forte e polvilhe com o farelo de pão. Asse em forno preaquecido a 180°C por 12-15 minutos, até o peixe ficar cozido e o farelo dourar.

Enquanto isso, branqueie o aspargo por 2 minutos em uma panela com água fervente e um pouco de sal. Escorra e grelhe em uma frigideira com azeite até dourar levemente de todos os lados. Tempere a gosto.

Misture a coalhada com o suco de limão e a salsinha picada em uma vasilha. Tempere a gosto. Decore com os raminhos de salsa e sirva com o salmão e o aspargo grelhado.

CANELONE DE FRANGO COM ERVAS E RICOTA

Nessa comfort food, a massa integral combinada com o queijo contribui para manter estáveis os níveis de açúcar no sangue.

Preparo: 20 minutos
Cozimento: 45-55 minutos
4 porções

2 colheres (sopa) de **azeite**
500 g de carne de **coxa de frango** moída
2 **alhos-porós** aparados e picados finamente
500 ml de **polpa de tomate**
6 colheres (sopa) de **ervas mistas** picadas (salsinha, cebolinha-francesa, sálvia, manjerona e endro)
1 colher (chá) de **semente de erva-doce**
250 g de **ricota**
raspas de 1 **limão-siciliano**
½ colher (chá) de **noz-moscada** ralada
1 colher (chá) de **páprica**
100 g de **espinafre** cozido e picado
75 g de **tomate seco** (não em óleo) picado
250 g de **canelone integral**
2-3 colheres (sopa) de **parmesão** ralado na hora
sal e **pimenta-do-reino** moída na hora
salada de folhas verdes, para servir

Coloque metade do azeite em uma panela antiaderente em fogo médio e refogue o frango por 3-4 minutos, até dourar. Abaixe o fogo, acrescente o alho-poró e refogue por mais 3-4 minutos.

Aqueça a polpa de tomate em fogo médio e junte um terço das ervas picadas, a semente de erva-doce e o restante do azeite. Deixe levantar fervura, tempere a gosto, reduza a chama e cozinhe por 2-3 minutos.

Adicione ao frango o restante das ervas, a ricota, as raspas de limão, a noz-moscada, a páprica, o espinafre e o tomate seco. Tempere a gosto e recheie os canelones.

Espalhe metade do molho de tomate em uma assadeira refratária rasa. Disponha os canelones recheados lado a lado. Cubra com o restante do molho e polvilhe com o parmesão.

Leve ao forno preaquecido a 180°C por 35-40 minutos, até borbulhar. Sirva quente, com uma salada de folhas verdes crocantes.

COZIDO DE LINGUIÇA, GRÃO-DE-BICO E PIMENTÃO

Um prato com sabor mediterrâneo, rico em fibras e antioxidantes, é uma excelente opção para incrementar a energia.

Preparo: 10 minutos
Cozimento: 25 minutos
4 porções

500 g de **batata bolinha**
1 colher (chá) de **azeite**
2 **cebolas roxas** picadas
2 **pimentões vermelhos** sem sementes picados
100 g de **linguiça defumada** cortada em fatias finas
500 g de **tomate italiano** picado
250 g de **grão-de-bico** cozido e escorrido
sal e **pimenta-do-reino** moída na hora
2 colheres (sopa) de **salsinha** picada, para decorar
pão italiano, para servir

Cozinhe a batata em água fervente com um pouco de sal por 12-15 minutos, até ficar macia. Escorra e corte em rodelas.

Aqueça o azeite em uma frigideira e refogue a cebola com o pimentão por 3-4 minutos, até ficarem macios. Acrescente a linguiça e refogue por mais 2 minutos.

Adicione a batata, o tomate e o grão-de-bico e deixe levantar fervura. Reduza para fogo baixo e mantenha por mais 10 minutos. Tempere a gosto, espalhe a salsinha e sirva com o pão italiano.

ENSOPADO DE PERU COM IOGURTE E ROMÃ

Nesse ensopado você tem ótimos ingredientes para uma boa noite de sono, além do efeito antioxidante da romã.

Preparo: 15 minutos
Cozimento: 45 minutos
4 porções

400 g de **peito e coxa de peru** sem pele e sem osso, cortados em pedaços grandes
1 colher (chá) de **cominho em pó**
1 colher (chá) de **coentro em pó**
1 colher (chá) de **canela em pó**
1 colher (sopa) de **azeite**
1 **cebola** grande cortada em rodelas
1 **pimenta vermelha** sem sementes picada
8 **dentes de alho** bem picados
400 ml de **caldo de galinha**
1 ramo de **alecrim**
1 colher (sopa) de **maisena**
250 ml de **coalhada**
sementes de 1 **romã** grande
sal e **pimenta-do-reino** moída na hora
coentro fresco picado, para decorar

Coloque o peru em uma vasilha com o cominho, o coentro e a canela. Tempere a gosto e misture bem.

Aqueça o azeite em uma panela em fogo alto e refogue o peru até dourar. Retire da panela e reserve.

Reduza para fogo médio e refogue a cebola na mesma panela por 5-10 minutos, até ficar macia. Acrescente a pimenta e o alho e refogue por mais 2-3 minutos. Coloque o peru de volta na panela, adicione o caldo da cocção, o caldo de galinha e o alecrim; deixe levantar fervura. Abaixe o fogo e cozinhe sem tampa por 15 minutos, mexendo constantemente, até o peru ficar bem cozido.

Retire a carne da panela e mantenha-a aquecida. Aumente o fogo e deixe ferver para reduzir o caldo à metade.

Misture a maisena com a coalhada e despeje na panela. Cozinhe em fogo baixo, mexendo até engrossar. Coloque o peru novamente na panela e mexa bem. Transfira para uma travessa, espalhe as sementes de romã e decore com o coentro.

ESPETO TAILANDÊS DE FRUTAS

Rico em vitamina C, esse prato com aroma exótico ativa a imunidade e reúne nutrientes que melhoram a digestão e a saúde em geral.

Preparo: 15 minutos
Cozimento: 1-2 minutos
4 porções

4 talos de **capim-limão**
2 **kiwis** cortados em cubos
2 **mangas** cortadas em cubos
1 **papaia** cortada em cubos
½ **abacaxi** cortado em cubos
2 colheres (sopa) de **açúcar mascavo**
2 colheres (sopa) de **coco desidratado**
iogurte de baunilha, para servir

Corte os talos de capim-limão em pedaços de 20 cm de comprimento e divida-os ao meio. Retire as camadas externas mais duras e apare as extremidades, afinando bem as pontas.

Coloque as frutas nos oito espetos e acomode-os em uma única camada em uma assadeira. Misture o açúcar com o coco e polvilhe as frutas.

Grelhe no forno preaquecido por 1-2 minutos, até o açúcar caramelizar e o coco dourar. Sirva imediatamente, com iogurte de baunilha.

POTINHO DE CHOCOLATE COM PIMENTA

O chocolate e a pimenta formam uma combinação tipicamente mexicana, que melhora o humor, alivia dores e promove ganho de energia.

Preparo: 10 minutos, mais o tempo para gelar
Cozimento: 10 minutos
4 porções

1 **pimenta vermelha seca** grande
300 ml de **creme de leite light**
200 g de **chocolate amargo** em pedaços
3 **gemas** batidas
3 colheres (sopa) de **açúcar**
25 g de **manteiga** em temperatura ambiente
1 **pimenta vermelha fresca** pequena, bem picada, para decorar

Ferva a pimenta com o creme de leite em uma panela em fogo médio. Retire do fogo e descarte a pimenta. Acrescente o chocolate e mexa até dissolver.

Misture as gemas com o açúcar e a manteiga em uma vasilha e bata até obter um creme claro e fofo. Incorpore o chocolate derretido e distribua entre quatro ramequins.

Leve à geladeira por 1 hora e cubra cada porção com uma pitada da pimenta fresca. Refrigere por mais 2 horas, ou até firmar.

ROCAMBOLE DE MORANGO E FRAMBOESA

As frutas vermelhas combinadas com iogurte fazem desse rocambole uma sobremesa rica em fibras e antioxidantes.

Preparo: 30 minutos, mais o tempo para esfriar
Cozimento: 8 minutos
16 porções

3 **ovos**
125 g de **açúcar**
125 g de **farinha de trigo integral fina**
1 colher (sopa) de **água quente**
250 g de **morango** cortado em quatro
250 g de **framboesa** cortada em quatro
200 ml de **iogurte natural**
manteiga, para untar
açúcar de confeiteiro, para polvilhar

Unte uma fôrma de 33 cm x 23 cm. Forre com papel-manteiga, deixando cerca de 1 cm de sobra nas laterais. Unte também o papel-manteiga.

Coloque os ovos e o açúcar em um recipiente em banho-maria e bata bem, com um batedor manual ou mixer, até clarear. Peneire a farinha e adicione aos ovos batidos, juntando também a água quente. Misture bem.

Despeje a massa na fôrma e leve para assar em forno preaquecido a 220°C por 7-8 minutos, até dourar e firmar.

Corte uma folha de papel-manteiga 2,5 cm maior do que a fôrma. Coloque sobre um pano de prato úmido. Ao retirar do forno, vire o bolo sobre o papel-manteiga e descarte o papel de cima. Enrole a massa com o papel no meio, como um rocambole. Envolva no pano de prato e deixe esfriar sobre uma grade.

Misture metade das frutas com o iogurte. Desenrole o rocambole e recheie. Enrole de novo, apare as extremidades e transfira para uma travessa. Polvilhe com açúcar de confeiteiro.

Bata o restante das frutas vermelhas no processador até obter um creme. Sirva com o rocambole como um coulis.

PUDIM DE DAMASCO E COCO

Esse pudim estimula o fígado e a tireoide, reduz a fadiga e é leve o suficiente para ser saboreado mesmo depois de uma refeição pesada.

Preparo: 15 minutos, mais o tempo para esfriar e gelar
Cozimento: 15 minutos
4 porções

250 ml de **leite de soja sem açúcar**
400 g de **leite de coco**
200 g de **damasco seco** picado
2 **damascos frescos** picados
2 colheres (sopa) de **maple syrup**
raspas e suco de ½ **limão-siciliano**
1 colher (sopa) de **extrato de baunilha**
2 colheres (sopa) de **maisena**
¼ de colher (chá) de **sal**
4 colheres (sopa) de **água**

Ferva o leite de soja e o de coco em uma panela em fogo médio. Acrescente o damasco seco e cozinhe em fogo baixo por 5 minutos. Deixe esfriar e refrigere por 2 horas, até os damascos ficarem bem hidratados.

Transfira para o processador, acrescente o damasco fresco, o maple syrup, as raspas e o suco de limão e a baunilha, e bata até obter um creme. Coloque de volta na panela e cozinhe em fogo médio até quase ferver, mexendo sempre.

Misture bem a maisena com o sal e a água em uma vasilha. Despeje sobre o creme de damasco quente, com cuidado e mexendo continuamente até engrossar. Distribua entre quatro tigelas, deixe esfriar e refrigere por 1 hora, ou até firmar.

CRUMBLE DE PERA E AMORA

Esse crumble com aveia é rico em fibras e ômegas que ajudam a aumentar a concentração e a energia.

Preparo: 20 minutos
Cozimento: 30 minutos
4 porções

4 **peras** grandes sem casca cortadas em fatias finas
2 colheres (sopa) de **maisena**
2 colheres (chá) de **canela em pó**
4 colheres (chá) de **mel**
150 g de **amora**
raspas e suco de 1 **laranja**
iogurte grego, para servir

Para a cobertura
200 g de **flocos de aveia**
2 colheres (chá) de **canela em pó**
50 g de **amêndoa** triturada
50 g de **nozes** trituradas
2 gotas de **extrato de baunilha**
4 colheres (sopa) de **manteiga** em temperatura ambiente, mais um pouco para salpicar

Misture as peras com a maisena, a canela e o mel em uma vasilha. Acrescente a amora, as raspas e o suco de laranja. Mexa e transfira para um refratário.

Reúna os ingredientes da cobertura em outra vasilha, mexa e espalhe bem sobre as frutas.

Cubra com um pouco mais de manteiga e leve para assar em forno preaquecido a 200°C por 30 minutos, até a cobertura dourar e o suco das frutas começar a borbulhar. Sirva com o iogurte.

TRIFLE DE MAÇÃ E AMORA

Nessa sobremesa em camadas de pão de ló umedecido, frutas e merengue você tem uma fonte de antioxidantes, proteínas e fibras.

Preparo: 20 minutos
Cozimento: 20-25 minutos
4 porções

150 g de **amora**
2 **maçãs** cortadas em fatias
1 colher (sopa) de **água**
50 g de **açúcar**
4 fatias de **pão de ló**
3 colheres (sopa) de **suco de laranja**
425 g de **creme inglês***

Para o merengue
3 **claras**
75 g de **açúcar**

***Creme inglês:**
4 **gemas**
¾ de xícara (chá) de **açúcar**
500 ml de **leite**
1 colher (sobremesa) de **maisena**
1 colher (chá) de **extrato de baunilha**

Ferva a amora e a maçã com a água e o açúcar em uma panela. Abaixe o fogo, tampe e cozinhe por 5 minutos, até as frutas amolecerem. Deixe esfriar um pouco.

Para o creme inglês, bata as gemas com a metade do açúcar até obter um creme esbranquiçado. Reserve. Ferva o leite com o restante do açúcar em uma panela. Retire do fogo e despeje lentamente 1 concha do leite nos ovos batidos. Misture rapidamente para não talhar. Adicione o restante do leite e cozinhe em fogo baixo, mexendo até engrossar. Se necessário, acrescente a maisena para dar mais consistência. Retire do fogo e acrescente a baunilha.

Corte o bolo em pedaços e disponha em uma camada no fundo de um refratário de 1,2 litro. Regue com o suco de laranja, recheie com uma camada de frutas e outra do creme inglês.

Bata as claras em neve e incorpore o açúcar aos poucos. Espalhe o merengue sobre o creme inglês e decore com as costas da colher.

Asse em forno preaquecido a 180°C por 15-20 minutos, até aquecer por completo e o merengue dourar. Sirva imediatamente.

TORTA DE PECÃ

Nessa torta rica em fibras, a pecã, que contém ômegas, traz um reforço extra para a concentração e a energia.

Preparo: 25 minutos, mais o tempo para gelar e esfriar
Cozimento: cerca de 20 minutos
8 unidades

75 g de **farinha de arroz integral**, mais um pouco para polvilhar
50 g de **farinha de grão-de-bico**
75 g de **fubá mimoso**
1 colher (chá) de **goma xantana**
125 g de **manteiga** cortada em cubos
2 colheres (sopa) de **açúcar**
1 **ovo** batido
iogurte grego, para servir

Para o recheio
100 g de **açúcar mascavo**
150 g de **manteiga**
125 g de **mel**
175 g de **pecã** cortada ao meio
2 **ovos** batidos

Bata as farinhas com o fubá, a goma e a manteiga no processador até obter uma farofa fina. Se preferir, trabalhe com as mãos.

Acrescente o açúcar e o ovo e misture com cuidado, juntando um pouco de água gelada para formar uma massa firme. Transfira para uma superfície polvilhada com farinha de arroz e trabalhe a massa por 1-2 minutos. Envolva em filme de PVC e refrigere por 1 hora.

Para o recheio, derreta o açúcar com a manteiga e o mel em fogo baixo, mexendo até o açúcar dissolver. Deixe esfriar por 10 minutos.

Trabalhe a massa novamente e divida em oito partes iguais. Abra as porções de massa em uma superfície enfarinhada, até ficar com 3 mm de espessura. Forre oito forminhas de 11 cm de diâmetro, passando o rolo sobre as fôrmas para cortar o excesso de massa.

Pique grosseiramente metade das pecãs e adicione, junto com o ovo, à calda de mel. Recheie as tortinhas com a calda e decore com as metades de pecã restantes.

Asse em forno preaquecido a 200°C por 15-20 minutos, até firmar. Espere esfriar e sirva com o iogurte grego.

TORTA DE LARANJA, RUIBARBO E GENGIBRE

Essa delícia, rica em fibras da laranja e do ruibarbo, leva ainda gengibre, que protege o sistema digestório e alivia dores.

Preparo: 10 minutos
Cozimento: 20-25 minutos
4 porções

750 g de **ruibarbo** cortado em pedaços de 1,5 cm
1 cm de **gengibre** ralado
50 g de **açúcar**
raspas e suco de 1 **laranja**
4 colheres (sopa) de **mascarpone**
175 g de **farinha de trigo com fermento** peneirada
50 g de **manteiga sem sal** cortada em pedaços pequenos
raspas de 1 **limão-siciliano**
6 colheres (sopa) de **leite**
creme inglês, para servir

Coloque o ruibarbo, o gengibre, metade do açúcar, as raspas e o suco de laranja em uma panela em fogo médio. Deixe levantar fervura, reduza para fogo baixo e cozinhe por 5-6 minutos, até o ruibarbo começar a amolecer.

Transfira para um refratário e cubra com o mascarpone.

Misture a farinha com a manteiga, esfregando com as mãos até obter uma farofa. Acrescente o restante do açúcar, as raspas de limão e o leite. Misture bem e espalhe sobre o ruibarbo e o mascarpone.

Asse em forno preaquecido a 200°C por 12-15 minutos, até dourar. Sirva com o creme inglês.

BROWNIE DE BETERRABA

Uma variação da receita tradicional, esse brownie é rico em antioxidantes, fibras e nutrientes, para aumentar a energia e estimular o bom humor.

Preparo: 20 minutos
Cozimento: 30 minutos
4 porções

250 g de **chocolate amargo**
250 g de **manteiga**, mais um pouco para untar
3 colheres (sopa) de **cacau em pó**
250 g de **açúcar**
3 **ovos** batidos levemente
150 g de **farinha de trigo integral fina**
1 colher (chá) de **fermento em pó**
1 colher (chá) de **canela em pó**
100 g de **nozes** picadas
250 g de **beterraba** cozida e picada

Derreta o chocolate com a manteiga em banho-maria.

Bata o cacau com o açúcar e os ovos, até obter um creme aerado. Incorpore o chocolate, depois a farinha, o fermento, a canela, as nozes e a beterraba. Misture bem.

Transfira a massa para uma assadeira de 20 cm x 23 cm, forrada com papel-manteiga, e asse em forno preaquecido a 180°C por 20 minutos. Espete um palito no centro da massa; se sair quase limpo, está pronto. O brownie deve ficar úmido, e não muito firme. Deixe esfriar e corte em quadrados.

BOLO DE FIGO E NOZES

Doce e aromático, esse bolo irresistível contém fibras, ômega-3, ômega-6 e nutrientes que equilibram o açúcar no sangue.

Preparo: 25 minutos, mais o tempo para esfriar
Cozimento: 45 minutos
16 porções

125 g de **manteiga**
225 g de **açúcar mascavo**
12 **figos** maduros aparados e cortados ao meio
3 colheres (sopa) de **alecrim** picado
25 g de **nozes** picadas
150 g de **farinha integral**
1 colher (chá) de **fermento em pó**
3 **ovos**, claras e gemas separadas
200 g de **açúcar**
raspas de 2 **limões-sicilianos**
4 colheres (sopa) de **suco de limão--siciliano**
2 colheres (chá) de **extrato de baunilha**

Para servir
iogurte natural
extrato de baunilha

Derreta a manteiga em uma assadeira de 23 cm de diâmetro no forno preaquecido a 180°C por cerca de 5 minutos. Retire do forno e espalhe o açúcar mascavo sobre a manteiga com as costas de uma colher. Disponha os figos sobre o açúcar, com o lado cortado para cima, e cubra com 2 colheres (sopa) do alecrim e as nozes picadas. Reserve.

Peneire juntos a farinha e o fermento. Bata as claras em neve e reserve.

Bata as gemas com o açúcar, até ficar bem leve. Acrescente as raspas e o suco de limão, a baunilha e o restante do alecrim. Adicione a mistura de farinha e bata bem. Incorpore delicadamente as claras em neve. Despeje a massa sobre os figos na assadeira e nivele a superfície.

Asse por 40 minutos, até crescer e dourar. Deixe esfriar na fôrma por 10 minutos e vire sobre uma travessa. Sirva quente ou frio, com o iogurte aromatizado com algumas gotas de extrato de baunilha.

ENDEREÇOS ÚTEIS

Associação Brasileira de Climatério
http://www.menopausa.org.br

Associação Brasileira de Familiares, Amigos e Portadores de Transtornos Afetivos (Abrata)
Tel.: (11) 3256-4831
http://www.abrata.org.br/new

Associação dos Portadores de Transtornos da Ansiedade (Aporta)
http://www.aporta.org.br

Associação Médica Brasileira
Comissão de Obesidade - Prevenção e combate no Brasil http://www.obesidadenobrasil.com.br

Centro Brasileiro de Mindfulness e Promoção da Saúde
http://mindfulnessbrasil.com

Centro de Valorização da Vida - CVV
Disque 141
http://www.cvv.org.br

Coordenação Geral de Alimentação e Nutrição - Ministério da Saúde
E-mail: cgan@saude.gov.br
http://nutricao.saude.gov.br
Disque Saúde 136
http://portalsaude.saude.gov.br

Instituto de Psiquiatria - Hospital das Clínicas/ Faculdade de Medicina da USP
http://www.ipqhc.org.br

Instituto do Sono - Universidade Federal de São Paulo (Unifesp)
http://www.sono.org.br

ISMA-BR (International Stress Management Association)
Telefax: (51) 3222-8598
e-mail: stress@ismabrasil.com.br
http://www.ismabrasil.com.br

Meditação Brasil
http://www.meditacaobrasil.com

PRO-AMITI - Ambulatório Integrado dos Transtornos do Impulso (HC/USP)
Tel.: (11) 2661-7805
http://amiti.com.br

Programa de Orientação e Atendimento a Dependentes (PROAD)/Departamento de psiquiatria da Universidade Federal de São Paulo (Unifesp)
http://www.psiquiatria.unifesp.br/d/proad/atendimento

Serviço Social da Indústria (Sesi)
http://www.portaldaindustria.com.br
http://www.sesisp.org.br

Serviço Social do Comércio (Sesc)
http://www.sesc.com.br

Sociedade Brasileira de Cefaleia
http://www.sbce.med.br

Sociedade Brasileira de Diabetes
http://www.diabetes.org.br

Sociedade Brasileira de Endocrinologia e Metabologia
http://www.endocrino.org.br

Sociedade Brasileira de Hepatologia
http://www.sbhepatologia.org.br

Sociedade Brasileira para o Estudo da dor
http://www.dor.org.br

Sociedade Budista do Brasil
http://www.sociedadebudistadobrasil.org

Yoga.pro.br
http://www.yoga.pro.br

ÍNDICE

Agradecimentos
Gill Paul agradece à talentosa equipe da Octopus: Denise Bates, que veio com a ideia para a coleção; Katy Denny, Alex Stetter e Jo Wilson, que editaram os livros com muita eficiência e fizeram tudo funcionar; à equipe de design de Jonathan Christie e Isabel de Cordova, por tornar os livros tão lindos. Agradeço também a Karel Bata por todo o apoio e por provar minhas receitas.
Karen Sullivan agradece a Cole, Luke e Marcus.

Créditos das fotos
Fotografias encomendadas © Octopus Publishing Group/ Will Heap com exceção das seguintes:

Getty Images
Foodcollection 34; Foodcollection RF 28; Lisbeth Hjort 12; Maximilian Stock Ltd. 15.

Octopus Publishing Group
David Munns 105; Emma Neish 65, 121; Lis Parsons 45, 71, 81, 85, 89, 91, 123; William Shaw 41, 51, 101, 107, 115; Ian Wallace 67.

Thinkstock
iStockphoto 5, 6, 9, 27.